序 言

这是一个充满不确定性的时代,市场环境动荡多变,竞争从企业与企业之间跃迁到供应链与供应链之间,供应链之间利益博弈又协同合作,关系复杂。这又是一个充满确定性的时代,客户对高品质产品和服务的追求从未改变,"质量不好的企业没有明天"的规则也从未改变。

《国务院办公厅关于积极推进供应链创新与应用的指导意见》对供应链管理的新定义为"以客户需求为导向,以提高质量和效率为目标,以整合资源为手段,实现产品设计、采购、生产、销售、服务等全过程高效协同的组织形态",其将"提高质量"当作供应链管理的两大目标之一。其实,市面上所有与供应链管理相关的书籍,都有一个假设,就是"没有质量问题"。一旦出现质量问题,交付就会延误、库存将会高涨、成本必定上升。质量之于企业,大抵相当于健康之于个人,如果哪天"1"没有了,后面即便加再多的"0"也没有意义。

对于企业而言,保证质量,是一种责任,是一份功德,也是基业长青的必由之路!我有幸为海信集团做过26期质量相关的课程,海信管理层对质量的重视程度给我留下了极其深刻的印象。海信将质量管理上升到质量文化建设的高度，其总结的质量管理"7条军规"，相信对很多企业都有借鉴意义，具体如下。

- 质量不能使企业一荣俱荣，却足以使企业一损俱损。
- 用户是质量的唯一裁判。
- 技术创新是产品质量的根本。
- 善待供应商就是善待自己。
- 质量就是人品。
- 创新是重要的，但绝对不能以创新为由改变质量标准及那些虽然传统但适用的方法。
- 质量是企业业绩的红绿灯。

善待供应商就是善待自己。随着产业化分工的不断深入，很多企业纷纷将自己不擅长、不敢做、不值得做的业务外包。这时供应商数量众多、质量良莠不齐，如果缺乏有效的管理和分析手段，那么每个供应商都有可能成为风险源。越来越多的企业发现，供应商产品质量引发的企业产品质量问题已跃居企业质量问题来源的首位。供应商的质量问题，若只是简单地将责任推给供应商，则并不能解决问题，因此必须认清，供应商的质量问题，其本质还是企业的管理问题：企业高层缺乏对客户与质量的敬畏，质量说时重要，做时次要，忙时没必要；各部门都只为自己的 KPI 而战，使供应链总成本的降低演变成了野蛮压迫供应商降价，这往往会导致企业付出更惨重的质量代价；各部门认为一有质量问题就是质量部的问题，未认清自己所担任的质量角色；专业质量管理人员由于待遇、发展与所承担的责任、风险倒挂而不断流失；缺乏有效、实用的质量管理方法与工具，使得供应商质量管理流于形式，无法落地产生价值；与供应商关系紧张、问题不断、经常"断链"……所以，做好质量管理，要从供应链全链条着手，而供应链全链条质量问题的关键点又在供应商质量管理。

"让国内企业少走弯路，让消费者远离伪劣产品带来的痛苦"，心怀这样一种使命，我与邢庆峰老师联合，在灯塔计划认证讲师参与下共同撰写了本书。

本书最大的特色是化繁为简，以企业为场景、以价值为导向、以问题为线索、以落地为目标，将两位作者多年企业咨询辅导的经验与心得提供给正面临供应商质量问题的供应链管理人。不求"高大上"，但求实效。本书舍弃了高大务虚不落地的理论，而是老老实实地将经过实践，能够切实落地的东西写出来，为企业提供一个少走弯路，拿来即可用的行动指引，这可能也是本书最大的价值。

本书一共 9 章，各章内容如下。

第 1 章总体介绍供应链时代的供应商质量管理，旨在帮读者构建供应链高度，建立共识。

第 2~3 章专注于指导战略，分别剖析供应商管理策略与质量管理策略。

第 4~8 章，以供应商质量管理的核心流程为主线，按照供应商开发、现场评估、产品导入、IQC 与供应商绩效提升 5 大步骤层层递进展开介绍。

第 9 章，SQE 团队作战，重点介绍如何搭建 SQE 团队，并发挥其价值。

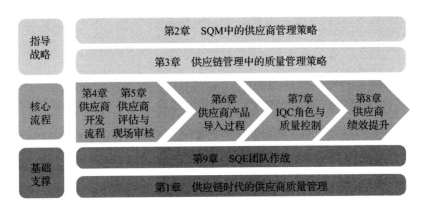

本书包含如下精彩内容。

- 以供应链思维做供应商质量管理。
- 对供应商进行科学分类。
- 建立质量管理的系统体系。
- 搭建供应商选、育、用、留的科学流程体系。
- 使现场审核不流于形式，发现供应商风险。
- 外行做过程审核与产品审核。
- 从检验到免检的系统方法。
- 防止质量问题再发，进行供应商绩效管理。
- SQE 的能力模型与价值释放。

每年 200 多天培训咨询，见缝插针，写了三本书：第一本书《采购 4.0：采购系统升级、降本、增效实用指南》，很多采购管理者通过这本书与我结缘；《决胜供应链》是我为中国企业提升供应链能力而写的第二本专著；而本书是第三本，致敬质量。这本书不属于我一个人，而是属于一个团体——灯塔讲师。灯塔计划由价值链研习社发起，作为一种传承，帮助企业培养内部采购讲师与职业培训师。合著者邢庆峰老师先后任职于通用汽车、斯蒂尔 STIHL（德企，园林工具行业引领者）、喜利得 HILTI（瑞士，电动工具巨头）、惠而浦集团旗下子公司 Embraco、费斯托 Festo（德国工业 4.0 创始成员公司之一），成为全职培训师后已为特步、中车、丹纳赫等提供内训，课程实战实效，深受客户与学员欢迎。本书中第 1、2、5、7、9 章由我（姜宏锋）撰写，第 3、4、6、8 章由邢庆峰老师撰写。而本书的审稿者，全部是来自国内知名企业的供应链实践者，他们分别是麦格纳林茂金、华为海思管来东、Miebach 林正春、GPC 李春阳、万达陈彦桦、华立程显峰、林洋裴维维、椿本孙鹭，以及蔡利娜老师，他们于百忙之中帮助分章审校，提出了大量宝贵的建议，本书也倾注了他们大量的心血，你们看到的内容，有他们的智慧闪光，在此深表感谢。

感谢我的授课技巧导师——TTT 泰斗刘子熙老师。

感谢我的供应链导师——厦门大学的许志端教授。

感谢我的行动学习导师——刘文迪老师。

感谢我的教练郭睿。

感谢我的战略合作伙伴、企业客户、学员。

感谢机工出版社杨福川老师、孙海亮老师，他们给了本书最大的支持！

最后要感谢我的家人对我的理解与支持。

还有太多我生命中需要感谢的人，在此却很难一一列出，于是我做了一个决定：将本书（包括再版）的全部稿酬，像我的上一本书《采购4.0》一样，定向捐献给残障儿童的福利事业，以此功德回报我生命中的各位亲人、朋友、伙伴、学员、客户，也包括正在阅读本书的您。

我会用心写作，将培训、咨询经验梳理总结，给自己一个礼物，给客户一个指引，给世间一份回馈，我的内心因此感到丰盛。无论您是供应链管理者、SQE、采购人员，还是供应链顾问，当您拿起本书时，我们就在一起了。我们都是供应链系统升级的推动者，一个伟大的供应链管理时代的见证者，一个生机勃勃的供应链多赢生态系统的建设者，世界与时代会因有我们而不同。

让我们一起创造供应链之美，开启有质量的世界！

您的朋友　姜宏锋

目 录

● 序言

● 第 1 章
供应链时代的供应商质量管理

- 1 第 1 节 供应链质量时代
- 9 第 2 节 站在供应链的高度做质量管理
- 19 第 3 节 学以致用

● 第 2 章
SQM 中的供应商管理策略

- 21 第 1 节 与供应商结成什么样的关系
- 25 第 2 节 如何分类管理供应商
- 25 风险维度:平衡质量与成本
- 27 如何在风险维度准入上设置不同的门槛
- 44 支出金额维度:明确降本与库存管理策略
- 45 第 3 节 供应商管理策略
- 48 第 4 节 强势供应商怎么管
- 48 政策或技术垄断造成的瓶颈类供应商
- 49 内部管理不善造成的瓶颈类供应商
- 50 多品种小批量造成的瓶颈类供应商
- 51 客户指定形成的瓶颈类供应商

	52	内部关系户形成的瓶颈类供应商
	53	第 5 节　如何推行本地化项目
	55	第 6 节　学以致用

● 第 3 章
供应链管理中的质量管理策略

56	**第 1 节　质量管理的基本概念**
56	正本清源质量谜，什么是质量
60	质量管理
61	如何用质量成本唤醒（供应商）管理层对质量的重视
64	**第 2 节　如何快速探测供应商质量管理成熟度**
65	质量管理 1.0
67	质量管理 2.0
68	质量管理 3.0
69	质量管理 4.0
71	**第 3 节　供应商质量管理之于质量管理**
71	供应商质量管理的定义
71	供应商质量管理在质量管理框架中的作用
75	供应商质量管理与内部质量管理的互动
78	**第 4 节　学以致用**

● 第 4 章
供应商开发流程

79	**第 1 节　供应商开发流程简述**
79	经典供应商管理三部曲概述
80	供应商开发的准入评估流程
84	供应商开发的关键控制点
90	**第 2 节　供应商开发过程中的常见问题及对策**
91	需求不确定

	92	要求不明了
	94	寻源不充分
	97	责任不清晰
	97	风控不奏效
	98	进度不受控
	99	**第3节 学以致用**

第5章 供应商评估与现场审核

	101	**第1节 供应商评估与现场审核问题分析**
	102	现场审核的目的是什么
	103	哪类供应商需要现场审核
	103	谁去做审核
	105	现场质量审核应该审什么
	107	供应商审核流程
	107	审核的坑
	109	**第2节 供应商现场审核技巧**
	109	提问的艺术
	114	审核技巧撒手锏
	118	看"实操"的艺术
	124	**第3节 学以致用**

第6章 供应商产品导入过程：产品开发的策划、实现与认证

	126	**第1节 供应商产品导入的类型**
	127	**第2节 供应商产品顺利导入的保障**
	128	产品质量先期策划
	130	第一阶段：明确要求阶段
	136	第二阶段：（供应商）产品过程开发策划阶段

	139	第三阶段：（供应商）产品过程开发实现阶段
	143	第 3 节　供应商产品导入的常见问题及解决方法
	148	第 4 节　学以致用

第 7 章　IQC 角色与质量控制

150	第 1 节　IQC 角色与价值
150	IQC 的现状
152	IQC 在供应链质量管理中的角色
155	企业对 IQC 的错误认知
157	供应链对 IQC 提出的要求
160	IQC 升级路径图
161	第 2 节　IQC1.0 被动检验阶段
162	进料处理流程
164	抽样技术
174	检验与记录
177	第 3 节　IQC2.0 主动检验阶段
188	第 4 节　IQC3.0 主动进攻，免检阶段
197	第 5 节　学以致用

第 8 章　供应商绩效提升

200	第 1 节　供应商绩效考评制度
200	考核目的
200	考核对象
201	实施考核

204	第2节	供应商绩效有效提升之正激励
204		写感谢信
205		发"优秀供应商"奖
206		订单激励
206		进入优选供应商库
208		供应商早期介入研发
208	第3节	供应商绩效有效提升之供应商发展
208		供应商发展
210		月度供应商绩效管理
216	第4节	破解供应商绩效提升之常见困惑
216		有统计,无举措,做好做坏一个样
217		考评不能反映实际的情况
224	第5节	学以致用

第9章 SQE 团队作战

225	第1节	SQE 岗位职责与任职资格
230	第2节	SQE1.0 阶段的能力建设
234	第3节	SQE2.0 阶段的能力建设
237	第4节	SQE3.0 阶段的能力建设
243	第5节	SQE4.0 阶段的能力建设
248	第6节	开好供应商大会
255	第7节	学以致用

第 1 章

供应链时代的供应商质量管理

第 1 节　供应链质量时代

题　记

这是一个最好的时代，这是一个最坏的时代；

这是一个智慧的年代，这是一个愚蠢的年代；

这是一个信任的时期，这是一个怀疑的时期；

这是一个光明的季节，这是一个黑暗的季节；

这是希望之春，这是失望之冬；

人们面前应有尽有，人们面前一无所有；

人们正踏上天堂之路，人们正走向地狱之门。

——狄更斯《双城记》

世界在发展，中国在腾飞，对国内企业而言，这是最好的时代,也是最坏的时代。说它是最好的时代,是因为各种束缚企业的枷锁正在打开,市场充满了活力,创新是主旋律;说它是最坏的时代,在于外部环境多变、产能过剩、需求不足、竞争白热化,企业经营艰难,与供应商短期利益博弈,降价的诉求与高质量的要求似乎成了困扰供应链上下游的一道单选题。

专业化分工,使企业从原来的工厂运营过渡到了供应链的竞争,但很多企业管理者的思维、方法与手段却仍然停留在工厂的围墙里。这种错位,造成了诸多企业悲剧,就像清代戏曲家孔尚任在剧本《桃花扇》中所言的"眼看他起朱楼,眼看他宴宾客,眼看他楼塌了"。

时代成就了很多企业,质量问题又摧毁了其中的一些企业。其中有一家行业巨头,其损失之大,影响之广,无出其右,这家企业就是三鹿奶粉。本书不想炒冷饭,只想从专业角度去分析,三鹿奶粉为什么会倒闭?三鹿事件背后有哪些企业管理逻辑?为我们企业人带来了哪些启示?我们相信,如果找不到真正原因,这类问题一定还会再次发生,可能是毒胶囊,也可能是毒跑道,或者是毒疫苗。而你我,包括家人都在影响范围之中。

下面对三鹿奶粉事件做个简单回顾。

一个事实:三鹿奶粉从 1993 年至 2008 年,连续 15 年产销量在国内乳制品行业稳居第一。

一条时间线:具体如下图所示(信息主要来自庭审)。

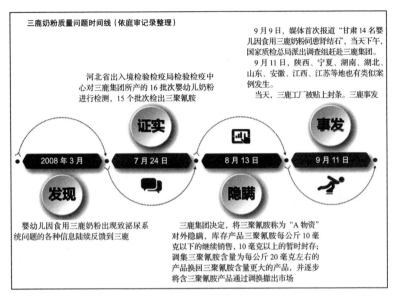

三鹿事件时间线示意图

2008年3月,婴幼儿因食用三鹿奶粉出现泌尿系统问题的各种信息反馈到三鹿,三鹿高层对品质问题采取鸵鸟政策;7月得到官方证实;8月13日继续对外隐瞒,采取隐蔽的退换货方式;9月媒体报道,事件爆发。据卫生部通报称,截至2008年11月27日,全国累计报告因食用三鹿牌奶粉和其他个别问题奶粉导致泌尿系统出现异常的患儿高达29万余人,累计住院患儿共5.19万人,官方确认4例患儿死亡。

三鹿已倒,但问题仍在。如何查找真因,防止类似的问题再次发生,使企业少走弯路,使消费者免受其害?

首先我们应搞清楚一个问题:三鹿集团重视质量吗?很多人认为三鹿一定不重视质量,否则不会出现这么大的事件。但从专业的角度来看,我们认为这么说有失偏颇。三鹿是重视质量的,三鹿在质量上投入巨大,花大精力通过了 ISO 9001 认证、ISO 14001 认证、GMP 审核和 HACCP 认证,在质量管控上有 1100 多道检测,层层把关,检验严格。

三鹿公司重视质量,但缺乏基于供应链的质量管控系统思维与有效策略。简单地说就是,三鹿重视质量,但无知。三鹿即使有再多的检测,也一样无法避免悲剧的发生。

我们从供应链质量管控的角度,为大家详细分析。首先,绘制三鹿奶粉的供应链示意图,如下所示。

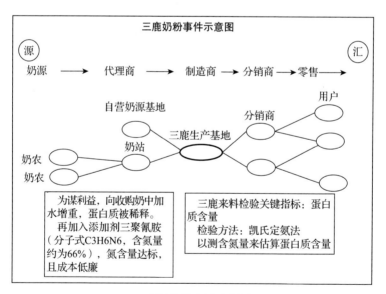

三鹿奶粉供应链示意图

从上图中可以看出,三鹿奶粉有 2 条供应链路线,具体如下。

- 路线 1:自营奶源基地—生产厂—分销商—客户。

- 路线 2：奶农—奶站—生产厂—分销商—客户。

对于供应链路线 1 而言，三鹿的奶源由集团下属的奶场供给，这部分奶源由三鹿专门的技术人员和质检人员负责，属内部运营管理，无造假动力，质量可控。对于供应链路线 2 而言，三鹿为了解决产能不足问题，有小部分奶源来自奶农。这部分奶源有的直供三鹿，有的经由"奶站"转交厂家。问题就发生在这条供应链路线上。这条供应链中至少存在着三个问题，具体如下。

问题一：客户（三鹿）与供应商（奶站、奶农）作为供应链的上下游存在着激烈的利益博弈。事发前，中国乳制品行业正处于高速发展阶段，供应链链主企业跑马圈地，开展不计质量的奶源争夺；奶农、奶站因企业的挤占长期亏损。上游供应商为了谋取利润，势必会出现偷工减料和以次充好的行为，企业高层应该会看到，但是心怀侥幸。

问题二：三鹿即便出事，却仍认为自己的企业是清白的。当时三鹿的董事长在接受记者采访时表示："这个事件是原料奶的收购过程中有人在谋取非法利益，我们的检测非常严格"。我们必须认识到，随着专业化的分工，企业管理的重点从围墙内的生产管理，已发展到外部资源的管理，最终将发展成为供应链管理。非法奶站添加三聚氰胺必须承担相关的法律责任，但作为供应链的链主，因为消费者认可的是企业产品品牌，所以要承担整个供应链的质量责任。

问题三：在质量管控手段上，三鹿是以检验为主，而检验是有局限的。检验只是针对已知项目进行检验，同时受检验方法、仪器及手段的限制，即使是对已知项目的检验也无法完全保证准确。三鹿对奶粉的检测方法是用氮的含量来推测蛋白质的含量，以此来判定质量是否达标。而此种检测方法被供应商探知后，奶站通过向原奶中加水增重来获取利润，为使原奶中氮的含量达标，奶站在加水的原奶中又加入三聚氰胺。这些原奶检测合格入厂后，经生产加工环节做成成品流向市场。在质量检验上，道高一尺，魔高一丈，企业如果只以检验来严防死守，就像足球场上的守门员一样，是否能扑中点球大部分靠运气。

那么，三鹿奶粉事件的解决方法是什么呢？建立供应链全链质量管控体系。

1. 从供应链维度设计质量管理体系

如果说20世纪80年代，质量管理是以工厂内的全面质量管理（TQM，全员、全过程、全部门）为特征，那么随着专业化的分工，企业的质量管理正从围墙内发展到围墙外的供应链全链条质量管理。供应链上下游伙伴的质量风险，都会传递到供应链链主企业。如果企业管理者的思维还停留在围墙内，就会造成巨大的风险，要从整个供应链系统看质量风险。三鹿奶粉的质量管理，做好了工厂内的过滤、高温杀菌、浓缩、喷雾干燥、冷却、包装、装箱、检验成品等环节还不够，还要对上游原奶进行有效的质量控制。

2. 建立物料风险等级管控系统

企业内部各职能部门要对物料按风险等级进行分类。有些物料风险等级很高,一旦发生事故就是大问题,因此要优先建立一套从供应商准入到物料风险管控的体系。对于高风险的物料,不能贪小便宜吃大亏,管控风险是第一位的,甚至一定要去供应商现场做审核,审核的重点仍是风险管控。

3. 供应商严格准入

供应商选好比管好更重要,一定要严把准入关。进入时严格筛选,在资格、能力、管理层、诚信等方面做判断,对其进行风险审核,一旦准入,就准备长期合作,宁缺毋滥,精诚合作。

4. 事后检验改为事前监控

一些企业一旦发生质量问题,就加严检验,但往往事与愿违,质量问题仍然频发不止。主要原因在于质量不是检验出来的,而是设计和生产出来的。加强检验一方面增加了成本,另一方面仅靠检验是无法保证质量的;抽样检验有误判的风险,同时还会受限于检验人员和设备,实施全项目检验又几乎是不可能的。企业必须将有限的资源,投入到从供应商到企业乃至客户的全过程上。这方面的操作实际上并不难,比如,三鹿只要有质量管理人员定期或不定期到供应商现场实施稽核,很容易就会发现问题。

5. 增加对供应链风险的主动识别与管控

收集行业信息,根据客户的反馈、行业的事件主动识别供应链的风险。实际上,2007年上半年,美国发生多起宠物猫、狗中毒死亡事件,国家质检总局当时通报了两家企业因其部分出口的小麦蛋白粉和大米蛋白粉中,蛋白含量不能达到合同的要求,违规添加了三聚氰胺,并对出口的产品提出了查核三聚氰胺的要求。可惜的是,质检总局当时并没有将这一行规深挖根除,而且对内销产品没有平行展开检查。而企业作为经营的主体,得知这个消息后,也没有采取任何自查措施,造成人间悲剧,大家可以仔细看一下国家质检总局的通报(http://www.aqsiq.gov.cn/zjxw/zjxw/zjftpxw/200705/t20070508_30487.htm,如下图所示)。

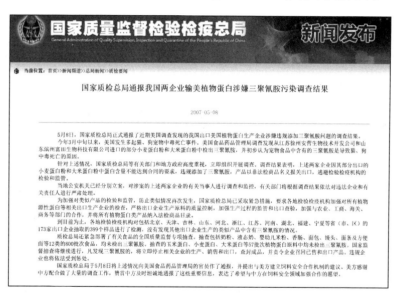

国家质检总局网站通报

最后,给不想让企业倒闭、自身面临牢狱之灾的高管提几点建议,具体如下。

- 企业高层对质量的重视,不要只停留在口头上,而是要体现在行动上,直面客户的投诉,不做鸵鸟,应将客户投诉当成纠错与改善的契机,持续改善。

- 不要当"特采"或"让步接收"的最终裁定者,不要因交付压力而对质量让步,记住一句网络流行语:不作死,就不会死。
- 不要总是倡导质量部去抓检验,甚至一出问题就加严检验,而是倡导质管部门以预防为主,主动出击去发现问题,将隐患消除在萌芽状态。
- 坚持正能量,要坚守与伙伴共赢,协调供应链的相关方利益。百年企业需要百年伙伴,相互信任的一体化的合作关系实际上成本最低,风险也最低。

最后,重质量,守底线,用良心,做企业。

第 2 节 站在供应链的高度做质量管理

未来的竞争不是企业与企业之间的竞争,而是供应链之间的竞争。而供应链之间的竞争,是以质量管理为基础的,而质量管理要站在供应链的系统高度。

这是一个市场环境巨变(Volatility)、供需不确定(Uncertainty)、系统越来越复杂(Complexity)、信息模糊(Ambiguity)的VUCA(乌卡)时代,国际贸易争端、战争、制裁、新领导人、新政策、自然灾害、环保,甚至国际性会议在某地的召开、一篇热点文章,都可能会使市场产生剧烈动荡,供需关系发生重大转变。原材料的价格暴涨与暴跌、成品的库存断货与积压随时都有可能发生。

对企业而言,稳定的时代已经过去,新的变化,是机遇也是挑战。在供应链时代，变革与进步成为永恒的主题。专注核心竞争优势，通过整合外部资源，弥补自身短板，一些企业甚至只留下营销与研发环节，将生产全部外包出去。如何通过打通整个供应链的信息流、物流、资金流，根据客户需求的变化来调整业务结构，建立高效协同的组织系统，为客户提供优质、高效的服务，已成为企业的重要课题，这也标志着企业全面进入供应链管理时代。

在 VUCA 时代，企业的供应商质量管理面临着以下挑战。

- 市场需求变化越来越快，产品生命周期越来越短，有的产品还没上市可能就已经退市了，对供应商交期提出了很高的要求。
- 多品种、小批量渐渐成为趋势，而我们供应商的思维，还停留在大批量生产的黄金年代。
- 客户的眼光越来越挑剔，"零缺陷"思维已成为主流，而我们的供应商还停留在差不多就行的时代。
- 企业降本增效压力巨大，采购人员要求供应商不断降价，不降价就更换供应商，供应商缺乏安全感。
- 环保、安全、社会责任对供应商不断提出更高的规范要求，要不断地增加投入。
- 公司中很多部门各自为政，都为自己的关键绩效指标 KPI 而努力，内耗严重。
  - 采购人员总想"降"，降本、降价。
  - 质量人员总想"卡"，不过、不行。
  - 研发人员总想"大"，大牌、品牌。
  - 财务人员总想"拖"，拖延、推托。

- 供应商总是受"伤",伤心,伤痛。

这些问题的解决,需要企业管理团队**站在供应链的高度做质量管理**。

企业要做好质量管理,首先要正确理解供应链与供应链管理。

供应链管理不等于供应商管理。供应链是指生产及流通过程中,围绕核心企业,将所涉及的原材料供应商、制造商、分销商、零售商直到最终用户等上下游成员链接起来所形成的网链结构,如下图所示。

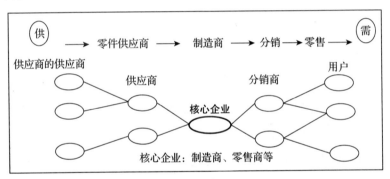

供应链示意图

国务院办公厅2017年10月5日,发布了〔2017〕84号《国务院办公厅关于积极推进供应链创新与应用的指导意见》,其中对供应链管理给出了一个较为完整的的定义:**"以客户需求为导向,以提高质量和效率为目标,以整合资源为手段,实现产品设计、采购、生产、销售、服务等全过程高效协同的组织形态。"** 供应链是一种物理存在,供应链管理是一种管理理念与管理哲学的集成。下面我们从这个定义出发,来讨论一下如何站在供应链的高度做质量管理。

为了使大家容易记住，我们用一个中心、两个思维、三个层级（三部曲）、四个功能、五个问题来概括总结。

1. 一个中心：以客户为中心

供应链以客户需求为导向。供应链竞争，本质是争夺客户的过程，以客户需求为导向，意味着客户是供应链绩效的评价人，同时也意味着推行质量管理活动，要从客户开始到客户结束。以客户为中心，要写到公司的质量方针里，并且做到让全员知、信、行。

华为的质量方针列举如下。

- 时刻铭记质量是华为生存的基石，是客户选择华为的理由。
- 我们将客户的要求与期望准确传递到华为整个价值链中，共同构建质量。
- 我们尊重规则流程，一次把事情做对；我们发挥全球员工潜能，持续改进。
- 我们与客户一起平衡机会与风险，快速响应客户需求，实现可持续发展。
- 华为承诺向客户提供高质量的产品、服务和解决方案，持续让客户体验到我们致力于为每个客户创造价值的理念。

培训课上，经常有SQE同学提问："姜老师，我今年想做供应商质量改进，您觉得从哪个方向着手比较好？"这是一个比较空泛的问题，每家企业的情况各有不同。但我的回答却始终如下：从客户着手，更聚焦一点就是从客户投诉着手。供应商管理，不是为了做管理而管理,而是为了满足客户的需求而管理。所以供应商质量改进,第一步一定是从客户投诉处开始,从客户最不满意处开始。对近3年来的客户投诉数据进行分析汇总(运用QC七大手法),找到客户投诉的关键项目,看哪些投诉项目是由供应商引发的,明确方向后再对供应商做专项质量改进。

以客户为中心,还与如何选择合适的供应商有关系。有人问选择供应商是质量优先还是成本优先?有人说质量优先,有人说成本优先,答案是看客户的需求。你的客户选择你是质量导向还是成本导向,决定了你选供应商是质量导向还是成本导向。比如,你的客户是奔驰,奔驰之所以选择你主要是看重质量,那你选择供应商就应该是质量导向;而如果你的企业是注重成本的低端品牌,那么客户选择你们很可能是因为性价比优势,所以你就要选择性价比最优的供应商。

说句题外话,供应链应该与质量好的供应商谈成本降低,与成本低的供应商谈质量提升。哪个更难谈呢?个人觉得后者更难。所以走质量导向的企业供应链管理比走成本导向的企业更容易。

2. 两个思维:系统思维、协同思维

1)供应链全链质量管理系统思维

做供应商质量绩效提升时,必须要有供应链高度的质量系统观,质量管理发展到今天,重点已经不在公司围墙之内,必须放眼整个供应链系统,从全局的角度考虑问题。

每年3·15晚会,都有一些知名企业上榜,包括知名医药企业的毒胶囊事件、某著名快餐连锁店的过期肉事件,难道这些知名企业不重视质量吗？他们的质量人员不专业吗？答案是否定的。与这些知名企业的质量管理人员相比，央视记者在质量上可以说没什么专业度可言，但为什么记者常能发现问题，而这些大企业的质量管理人员却发现不了？最大的差异就是这些知名企业的质量管理人员进行的往往是围墙内工厂质量管理；而记者尽管不专业，但沿着供应链整个链条走一遍，做的是供应链审核，就发现了问题。而供应商的数量越多，风险就越高，所以供应商的质量将是风险集中度最高的一环。

2）供应链的质量成本 10 倍法则

供应链管理中有一个质量成本 10 倍法则，即供应商的质量问题对企业造成的损失，沿着供应链不断放大，每流经一个节点，处置成本就会扩大 10 倍。当一个电容出了质量问题，供应商处发现并挑选出来，只要 1 元成本；但如果运到 PCB 工厂，装到线路板上再处理成本就要 10 元；如果 PCB 装到整机里再发现并处理成本就要 100 元；产品运到客户处发生故障，处理过程成本则要 1000 元。如下图所示，质量问题在供应链当中越早发现，处理越靠近前端，质量成本就越小，在供应商处做好质量管理的总成本是最低的。

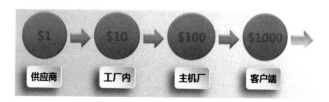

质量成本沿供应链的增大

3）供应链中质量与成本的哲学关系：高质量才是低成本

到目前为止，我很少发现企业不重视质量或成本，有的甚至已经重视得过头了。企业做不好质量，做不好成本管控，问题不在于不重视，而是在于很多企业管理团队存在一个错误认知，认为质量和成本是对立的，高质量必然会导致高成本。一旦有了这样的认知，在质量提升与成本降低上就会顾此失彼、左右摇摆，降本时不考虑质量，提升质量时不顾及成本，即达成一个绩效指标是以牺牲另一个指标为代价的。

供应链当中质量与成本的哲学关系是什么？高质量才是低成本，原因是成本里包含了质量成本，做好质量，降低了质量成本，总成本就会降低。举个例子，有些供应商质量不好，但价格很低，这时企业就会增加鉴定成本、返工返修、停线、客户索赔的损失成本会大幅度上升，最后采用价格最低的供方反而可能使企业付出的总成本最高。与质量高的供应商合作，可以实施免检、减少返工返修、减少客户索赔，总成本反而较低。所以对供应链而言，第一次就将事情做对总成本最低，高质量才是低成本。

从质量成本出发，你可以分辨出一些企业是在做真降本还是在做伪降本。

伪降本的企业，总喜欢将供应商的价格降下来，或者总在找更便宜但绩效不好的供应商，而忽视企业在后期鉴定选别、返工返修、客户投诉、索赔而投入的巨大的人力物力，与优秀供应商之间的合作关系也每况愈下。而在供应链管理中，第一次就把事情做对，提升质量管理能力水平，减少退货与客户投诉处理的一系列成本，提高客户的满意度，增加老客户的转介绍，才是最佳的降本策略，才是真降本。

4）高效协同的思维

在 VUCA 年代，当面对客户多变的需求时，如果供应链伙伴之间还在短期博弈，也就没有了供应链的竞争优势。这就要求供应链上下游企业，建立伙伴关系，精诚团结，高效协同。一些企业把供应商称为协力厂，即不能仅将供应商当作简单的买卖交易对象，要与之齐心协力合作共赢，在运作上高效协同，使其在能力上持续提升。

为建立高效协同的运作系统，企业要思考供应链的瓶颈在哪里，如何快速提升供应链系统产能。每年对供应商质量绩效考核中最差的 5% 的供方，分批进行优化，可能是提升质量绩效最快的方法。而对企业未来发展有重要价值、有合作意愿、价值观相同，认同企业愿景与梦想，5 年以后还能走在一起的供应商伙伴，要进行扶优扶强，资源倾斜。与优秀供方组成学习俱乐部，大家互相学习、互相促进、共同发展，才能共赢未来。

3. 质量管理三部曲：策划、控制与改进

质量管理纷繁复杂，如果用一个最简单的模型来总结就是，一个质量目标 PPM+ 质量管理三部曲：质量策划、质量控制与质量改进。无论是看我们企业内部的质量管理体系，还是看供应商的质量管理体系，都可以使用这个模型，比如去供应商审核时，可以按如下这样的方式提问。

(1)**你们的质量目标是多少？你们目前的质量实绩是多少**？

(2)**请展示并说明你们的产品质量策划文件**。产品质量策划文件应该将客户的需求和风险都充分考虑到，形成一份内部的策划文件，并得到客户的批准。汽车行业对质量策划有专门的要求，即五大工具之 APQP 产品质量先期策划。

(3)**你们用什么方法和手段进行质量控制**？检验只是控制的一个手段，你们会使用统计过程控制的手段吗？如果供应商的过程控制使用了 SPC（统计过程控制），并编制了有效的控制计划和作业标准书，我们才会复核供应商的检验系统是否符合我们的要求。

(4)**去年一年有多少起 QC 小组活动？一共实施了多少次合理化改善**？QC 小组与合理化改善，都属于质量改进的部分。

通过一个目标加质量管理三部曲，可以快速对一家企业的质量管理进行诊断。我们经常会发现我们的供应商现场审核人员，只关注了质量控制这一项，重点放在作业标准书与检验标准的复核上，而忽视了供应商的质量策划与质量改进。

4.四个职能：CQA、DQA、MQA、SQA 联动

如何为质量管理设计组织架构？原来的质量管理架构，是面向工厂的，是局部的，缺乏系统联动，往往也是官僚的。质量部以质检为工作内容，以"卡"为主，一旦遇到不符合标准的就说"不"。只发现问题，卡住问题，而不解决问题。他们认为解决问题是其他部门的工作。

一个面向供应链设计的质量管理架构应具有四个职能，分别为 CQA、DQA、MQA、SQA，这四个职能各负其责，但要形成

闭环管理。具体说明如下。

- CQA（Customer Quality Assurance）：客户的质量窗口，负责与客户沟通质量标准、处理客户投诉。
- DQA（Design Quality Assurance）：研发的质量过程管理，很多产品质量问题是研发设计先天不良导致的，DQA通过理解客户需求，对产品研发设计进行过程管理，保证客户的要求得以实现。
- MQA（Manufacturing Quality Assurance）：制造过程的质量管理，通过对生产过程的控制，确保制造出满足顾客要求的产品。通常制造型企业的IPQC（In Process Quality Control，过程质量控制）与OQC（Out Quality Control，出货质量控制）都属于MQA范畴。
- SQA（Supplier Quality Assurance）：供应商的质量管理，负责供应商准入时的质量能力考查，保障供应商所供原材料的质量；与供应商联合做质量问题处理与能力提升，追踪确认供应商的改善报告及实施效果，对供应商进行检查以及辅导，并对供应商的质量状况进行统计评分等。通常IQC（Incoming Quality Control，来料质量控制）与SQE（Supplier Quality Engineer，供应商质量工程师）都属于SQA范畴。

一旦接到客户投诉，CQA要赶往客户现场，去做质量问题确认和处理，紧接着向公司内部传递相关信息，内部确认是研发的原因（DQA）、制造的原因（MQA）还是供方的原因（SQA），然后通过相应职能进行进一步的真因分析，制定改进对策，确认改进效果。在这当中，很多企业是 DQA 缺失，SQA 薄弱，好的 SQA 人员会是供应链管理中最稀缺的人才，需要提前储备。

5. 五个教练问题

为了引发对现行的供应商管理政策进行反思与确认，我们在咨询中通常会提出 5 个教练问题，具体如下。

（1）如果按现在的供应链管控方式，10 年以后，我们的企业会变成什么样？我们的供应商会是什么样？你的感受是什么？

（2）我们的客户对我们企业最大的期望是什么？

（3）我们的供应商对我们企业最大的期望是什么？

（4）找出我们绩效最好的 5 家供应商。我们做对了什么？

（5）找出我们绩效最差的 5 家供应商。我们要改进什么？

前 3 个问题，分别从未来、客户与供应商的角度，对我们目前的做法进行反思。最后 2 个问题，从目前供应商绩效最好的与最差的两个角度对管理过程进行反思。这 5 个问题也是对供应商管理策略合理性、科学性进行验证的好问题。

第 3 节　学以致用

学

请用自己的语言描述本章的要点。

思

描述自己企业的相关经验与本章带来的启发。

用

我准备如何应用?

我希望看到的成果是什么?

会遇到哪些障碍?

解决障碍有哪些方法、措施、资源?

我的行动计划。

第 2 章

SQM 中的供应商管理策略

第 1 节 与供应商结成什么样的关系

供应链的竞争优势，是企业与供应链上下游伙伴核心能力的组合。能力组合的背后是关系与连接。当我在培训课堂上提问："我们应该与供应商结成什么样的关系"时，很多供应链从业人员本能的回答是："结成战略合作伙伴或双赢关系。"答案应该算对，但这种关系在绝大多数企业是难以实现的。当供应链管理者要与供应伙伴结成长期的战略合作关系时，审计会问你为什么不招标，采购想用更便宜的供应商，财务让你把账期拉长，管理层甚至会希望你用供应商大会来谈谈年降。

由于缺乏长期的供应商关系策略，一些企业在供应商关系管理上具有"精神分裂"的特征：嘴上说的都是"战略合作、互利、双赢"，做的却是"谈判、降价、更换"。有些企业内部甚至部门理念分歧严重，A 部门善待伙伴，B 部门卡死伙伴，内部沟通不畅。

这种"精神分裂"式的供应商关系，如果追根溯源，我们会发现其来自于国际上两个不同的流派：以日本企业为代表的"牧养型"与以美国为代表的"猎人型"供应商文化（如下图所示）。

如果将供应商比作一只羊，企业要从羊身上薅羊毛，那么日本公司会认为应该要与羊长期共存，会把羊养好喂好，薅羊毛时会考虑羊的感受。这种与供应商长期共赢的文化，我们称之为牧养型。日本之所以会形成牧

供应商文化差异

养型的供应商文化，是因为日本是个岛国，自然资源、合作伙伴相对匮乏；而日本企业又多是家族企业，希望世代传承做百年老店。如果是要做百年老店，就必须要有百年的合作伙伴。所以日企将供应商当作自己企业的延伸，注重对供应商的培养与能力提升，供应商精而少，一旦选择，长期合作，高效协同。情、理、法，合作中情与理在前，法在后，为了让供方伙伴安心，有的大企业还会与供应商交叉持股，来保证关系稳定。因为具有稳定而长期的合作关系，所以企业与供方可以做到相互信任、信息共享、技术共享，交易成本大幅减少，协同能力极强。日本企业依靠忠诚的供应伙伴，建立了以丰田为代表的精益系统，并通过对供应链上下游的互相帮扶、持续改善，在质量与成本上获得了市

场竞争优势。牧养型供应商文化也有缺点，供应商因稳定而缺少危机感，缺乏改进动力，在应对多变的市场环境时反应迟缓，缺乏竞争力。

同样，如果将供应商比作一只羊，美国公司对其的做法则与日本大不相同，他们会倾向于从市场上猎取，从不喂养，只管自己薅羊毛，羊的死活与自己无关，法、理、情中，法永远排第一位，按合同办事。这种猎人型文化的形成，是因为美国企业面向全球化市场，且在供应链上具有支配地位，对供应商有充分的选择权。而且美国企业大多是上市公司，聘用职业经理人，职业经理人一上任，首要考虑的是在任期内将业绩搞上去。所以美国企业一旦更换CEO，往往会伴随两个动作，一是裁员，一是找供应商降价，如果不降价，就更换供应商。

猎人型的优点是立竿见影、短期见效，缺点是会破坏与供方的长期关系。由于频繁更换供应商，猎人型公司很重视更换时的合同风险。

甚至在员工培养上，"牧养型"与"猎人型"也有差异。日本企业愿意招收没有经验的新人一直培养，终身雇佣。而美国公司则更愿意通过猎头来挖人，挖到就要有业绩，不行就解雇。所以当我们分不清楚自己的企业是什么文化时，可以通过企业对员工的态度来推测企业对供应商的文化。因为，员工本质上也是供应商，只是提供的是劳务，与供应商一样，也有账期，也有绩效考核。所以人力资源管理与供应商管理有很多相似之处。

那么，你所在企业的供应商文化是偏牧养型还是偏猎人型？企业内部是否在供应商关系上达成共识？

由于国内大部分企业与美国、日本所处的市场环境、发展阶段、企业规模、供应市场等存在诸多不同，国内企业处于更复杂的外部环境当中，所以单一的牧养型或猎人型策略往往很难奏效。比如，企业会面临一些强势供方，由于其在市场上的独特地位，并没有多大意愿与中小客户发展长期合作关系。当你想和他结成战略合作伙伴时，他的反应却是：少废话，先把预付款打过来，采购协议、质量协议不签，爱买不买。这类供方的做法俗称店大欺客。再比如，有些非常弱小的作坊供应商，确实希望与我们结成长期的、稳定的战略合作关系，可我们却可能会认为其对企业的价值不大，有些供应市场竞争已相当激烈，如果不择优使用，就会损失我们的现实利益。所以，我们要走有自己特色的供应商文化之路，这里称之为"中国型"。在供应商关系上，既要有牧养型的长期性、协同性，也要有猎人型的短期见效、充分竞争。"中国型"供应商关系管理，容易演变成本章开头所说的"精神分裂"型，即口头说的都是战略合作伙伴（牧养型），实际做的却是找供应商谈年降，吃相猴急（猎人型）。那么，难点来了：应该对哪些供应商使用牧养型的管理策略，对哪些使用猎人型的管理策略？这里我们要建立一个模型，能让研发、采购、质量、生产各部门都认同，并将哪些是牧养型、哪些是猎人型说清楚，达成共识，这就要对供应商做科学分类。

第 2 节　如何分类管理供应商

如果企业对所有供方都采用同一套标准，因为供方行业差异，因此会出现不适用的情形。试想用一套标准来做准入审核，电子类供方能通过，但水泥类供方就很难通过。所以最好是依据物资的不同特点进行分类，区别管理。

对供应商分类时，不同的管理需求，会有不同的维度。做供应商质量管理时会重点涉及技术、质量与采购，所以经常要从风险维度与支出金额维度进行分类。风险维度的分类可以解决平衡质量与成本的问题；支出金额的分类可以解决采购降本与库存管理策略的问题。两个维度的结合，为供应商分类提供了一个可行的方法。

风险维度：平衡质量与成本

风险维度，是指采购物料一旦出现问题，对产品的影响程度，包括出现问题的严重程度和问题发生的概率。其判断方法可以参考质量工具 FMEA（Failure Mode and Effects Analysis，失效模式及后果分析）。

企业对物料风险进行分类时，有的是由公司研发部门直接定义。这类公司的研发往往比较强势，研发人员具有较强的工艺与生产经验，对物资风险具有较强的把控能力。

如国内某著名家电企业对空调、洗衣机的物料进行分类，从风险维度规定了 A、B、C 三类，具体如下。

- A 类零部件——对社会反馈影响较大的零部件，例如，电脑板、电机、空调用风扇、洗衣机减速器、系统件、导线、耐热塑料件、密封性橡胶件、减震件等。
- B类零部件——对社会反馈造成影响较小,但对现场问题影响相对较大的零部件,例如,一般钣金件、塑料件、包装箱、泡沫、垫块等。
- C类零部件——用于辅助生产制造,对最终质量不致造成较大影响的A、B类以外的零部件,例如,油漆、粉末、涂料、脱脂剂、打包带等。

有的企业会采用群策群力的方法,综合采购、质量、技术、生产各部门对物料的风险建议,对采购物料风险从0~10进行赋值,其中0为风险最低,10为风险最高。其中0~3属低风险物资,定义为C类,成本导向;3~6属中风险物资,定义为B类,既要成本导向也要质量导向;6~10属高风险物资,定义为A类,要以质量为导向。风险数值及信息分类整理见下表。

风险维度 ABC 分类

风险数值	风险等级	分类	导向
0<X<3	低风险	C类	成本导向
3<X<6	中风险	B类	成本+质量导向
6<X<10	高风险	A类	质量导向

C类物资低风险,成本导向。我们通常将这类供方当作低成本的生产车间,以获取成本优势。这类供方只要能够生产出合格产品,并不会对其管理能力或质量体系提出过多要求。所以当有人问,作坊式供应商可不可以使用?我们的答案是可以使用,但限定在C类物资,而且供应商必须保证生产品质。

A 类物资高风险，则应该是质量导向，走严格的准入审核流程，不可以使用作坊式供方。建议对 A 类物资一定要谨慎替代、严格验证，因为 A 类物资一旦出质量问题，就是大问题。比如，有些企业出于成本考虑要做国产化，但质量问题很有可能会将国产化成本节约带来的成果化为乌有。

B 类物资风险在 A 类与 C 类之间，走质量与成本均衡导向，要求没有 A 类这么高，但比 C 类要严格。

如何在风险维度准入上设置不同的门槛

这里向大家推荐一个基于 ABC 分类的质量评估表。这套表格对供方做出了 8 个方面的质量评估：质量管理体系、管理职责、设计与开发、生产和服务提供、仪校、产品防护、测量和分析、不合格品控制和改进，见下图。

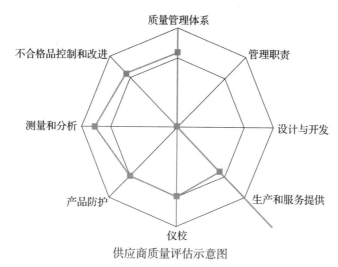

供应商质量评估示意图

这个雷达图是根据下表所示的供应商 ABC 分类审核表产生的。

供应商 ABC 分类审核表

1: 质量管理体系 该项得分：9	该项得分百分比：75% 该项总分：12	评鉴类别			得分			备注与记录
		A 类	B 类	C 类	Yes=1	No=0	N/A=X	
1.1	是否建立和维持一套文件化质量体系	√						
1.2	是否编制和保持品质手册	√						
1.3	是否制定品质政策并形成文件，是否有品质承诺	√						
1.4	是否有对客户技术文件、合约进行管理	√						
1.5	是否有对品质协议、技术协议，采购协议进行管理		√					
1.6	品质文件在发布之前是否经过权责人员评审并批准，以保证其充分性和适宜性	√						
1.7	是否有合理的品质文件签核流程		√					
1.8	是否对文件进行评审与更新并再次批准		√					
1.9	是否有标识、保护、贮存、检索、保存期限和处置品质记录的制度，且能贯彻实施		√					
1.10	质量记录是否容易于检索	√						
1.11	质量记录是否保存完好，以使损坏达到最小，并避免丢失		√					
1.12	是否规定质量记录的保存期限	√						

序号	描述						结果
1.13	如果有协议规定，质量报告是否提供给顾客用于评估	√	√				
1.14	是否有选择、评估、管理供应商	√	√				
1.15	是否能在文件使用处获得适用文件的有关版本	√	√				
1.16	文件的更改和现行修订状态是否得到识别	√		√			Yes=1
1.17	是否对来自客户的标准、图样等技术文件进行控制（如规格书），并确保其版本最新	√	√	√			Yes=1
1.18	所有作废文件及时被撤出使用现场地点，使用现场保持有效文件	√	√	√			Yes=1
1.19	是否保持所有品质记录，以证明品质能达到要求，品质体系能有效运作	√	√	√			Yes=1
1.20	品质机构是否明确定义	√	√	√			Yes=1
1.21	是否能主动收集来自公司内各部门及用户的品质信息，并有专门的部门进行分析，反时传达给有关部门或人员	√	√	√			No
1.22	领导层是否重视涉及产品品质、用户申诉的重大问题，能分析研究采取有力的控制措施，并及早采取预防措施	√	√	√			Yes=1
1.23	是否能满足本公司50%增减应变能力，且有紧急插单的能力	√	√	√			Yes=1
1.24	工程变更在执行前是否经过授权责任人员的评审和批准	√	√	√			Yes=1

(续)

			评鉴类别			得分		备注与记录
			A类	B类	C类	Yes=1	No=0	N/A=X
1:	质量管理体系　该项得分百分比:75%							
	该项得分:9　该项总分:12							
1.25	工程变更一旦批准,变更通知是否分发到受影响部门		√			No		
1.26	是否有一个体系能够确认员工是否胜任其工作		√	√	√	No		
1.27	品质目标是否清楚规定		√	√	√	Yes=1		
2:	管理职责		评鉴类别			得分		
	该项得分:　该项总分:		A类	B类	C类	Yes=1	No=0	N/A=X
2.1	是否任命了一名管理代表,他拥有保证执行和保持品质体系之责任和职权		√					
2.2	是否有证据证明改善流程,正被有效实施并管理		√					
2.3	是否在适当的时间间隔内对质量管理体系的适宜性、充分性和有效性进行评审,例如质量体系是否满足客户要求		√					
2.4	管理评审是否保持记录		√					
2.5	管理评审的输入是否包括审核结果、顾客反馈、改进的建议		√					

	内容	A类	B类	C类	Yes=1	No=0	N/A=X
2.6	管理评审的输出是否包括对质量管理体系过程的有效性改进、产品的改进及资源需求	√					
2.7	是否有使职员下岗和再上岗和职责适当的体系	√					
2.8	是否保证客户信息在工厂内部沟通	√					
2.9	是否有一个体系能够识别所有影响产品质量的员工的培训需求	√					
2.10	是否有一个体系能够确认员工是否胜任其工作	√					
2.11	作业员是否清楚本制程的安全质控点	√					
2.12	所有上岗人员是否经过了上岗资格认证	√					
2.13	是否规定了那些影响产品、材料、服务质量的人员的权限、职责和相互关系	√					
2.14	品质目标是否可测量，并分解到各部门，是否有一套持续改善流程存在	√					
2.15	是否保持正确的培训记录	√					
2.16	是否供应足够的可用来内部确认工作的资源，用来检验、测试、监控和评审流程和产品	√					
3:	设计与开发						
	该项得分： 该项总分： 该项得分百分比：						
3.1	公司是否设有独立的研发部，并有相关职掌、研发计划	√					

(续)

3: 设计与开发		评鉴类别			得分		
	该项得分： 该项得分百分比： 该项总分：	A类	B类	C类	Yes=1	No=0	N/A=X
3.2	是否有样品测试流程和项目 LIST	√					
3.3	测试人员是否进行过相关的培训并已合格	√					
3.4	提供客观证明其零件已符合规定等级的书面定试验报告，如正规试验机构或供应商试验室出具的最新评测报告等	√					
3.5	客户样品是否进行了明确的标识并得到妥善保存	√					
3.6	客户样品的有效期是否列入管制 LIST	√					
3.7	量产前是否将产品与认可样品进行比较并达到要求	√					
3.8	是否有一程序来控制和验证产品，以确保能够满足所有要求	√					
3.9	是否有 EVT、SIT、SVT 流程与计划来验证和控制产品	√					
3.10	是否做了 FMEA 分析	√					
3.11	是否有识别每项设计和开发活动责任的计划	√					
3.12	计划是否随设计进展而更新	√					
3.13	是否进行与产品有关的要求的评审		√				
3.14	是否对客户样品进行管制	√	√				

3.15	是否要求零件供应商送样，并进行测试，确认其符合产品规格	√								
3.16	是否对研发文件及执行标准进行管制	√								
3.17	设计和验证工作是否计划好并分配给有资格的人员	√								
3.18	对于设计变更，是否有识别、评审、批准的书面化程序	√								
3.19	在量产前，是否有检验产品符合设计规格的要求（如设计评审/确认）	√								
3.20	是否有适当的文件化和维持设计评审的记录	√								
3.21	针对安规料件UL工厂，是否进行零件安规控制	√								
3.22	针对部分设计阶段在其他地方的转移生产，是否有一套程序规定如何进行对设计资料的转移、评审、量产的管制流程	√								
3.23	工程变更在执行前是否经过了权责人员的评审和批准	√								
3.24	工程变更一旦批准，变更通知是否分发到了受影响的部门	√								
3.25	是否有验证工程变更有效性的体系	√								

(续)

4: 生产和服务提供		该项得分百分比：64%	该项得分：11	评鉴类别			得分		
	该项得分：7			A类	B类	C类	Yes=1	No=0	N/A=X
4.1	是否有SPC训练计划文件，每个员工的记录是否保存			√					
4.2	CP/CPK值没有达到期望值时，是否采取适当的措施			√					
4.3	当制程失控和制造出不合格品时，是否有一个停线标准或停止出货标准			√					
4.4	装配产品时是否有标识来保证流程中没有步骤被遗漏			√					
4.5	是否对顾客财产进行管理			√					
4.6	是否有工序管理办法，且能彻实施			√					
4.7	是否有作业指导书规定生产方式和每个过程/站别的设立			√	√				
4.8	作业指导书是否明确规定所使用的机器、装备、工具、治具、材料及程序			√	√				
4.9	对管制图上超出管制界限的点是否有原因分析和改善对策			√	√				
4.10	当有特殊追溯性要求时，单个产品或批量产品是否有唯一标识			√	√				
4.11	是否依规定执行工程变更			√	√				

编号	检查项			结果
4.12	处理 ESD 材料时，操作者是否有戴静电手环，是否对静电手环做检查并做记录	√		
4.13	包装、装货的流程是否令人满意	√	√	
4.14	是否有生产品标识和追溯的管理办法	√	√	
4.15	生产环境是否符合生产要求	√	√	No
4.16	有无进料检验管制系统，可以清查检验记录	√	√	Yes=1
4.17	作业指导书对作业者是否清楚易懂，并遵循作业指导书作业	√	√	no
4.18	作业指导书等品质文件是否有版本控制，且在发布前有权责人员确认	√	√	Yes=1
4.19	是否对关键工序和特殊工序进行控制	√	√	Yes=1
4.20	测试条件、程序和仪器是否足够充分	√	√	Yes=1
4.21	有无品质反馈系统，并贯彻执行	√	√	Yes=1
4.22	是否建立制程检验 / 测试管理 / 作业标准	√	√	Yes=1
4.23	所有库存和生产中的材料是否能进行适当识别和控制	√	√	Yes=1
4.24	对合格品、不合格品的检验或测试状况，是否有标识（如标签、检验数据、测试软件、放置场所等）	√	√	No
4.25	所有等待 / 通过 / 未通过测试的产品是否采取适当的方式分开以避免混乱	√	√	No

(续)

			评鉴类别			得分		
			A 类	B 类	C 类	Yes=1	No=0	N/A=X
4:	生产和服务提供　该项得分: 7　该项总分: 11　该项得分百分比: 64%							
4.26	是否有生管对工单进行控制		√	√				
4.27	重要的品质资讯是否有贯彻到基层的员工		√	√				
4.28	对特殊工序的人员是否有定期进行培训		√	√				
4.29	是否通过风险评估来评价生产过程中可能产生的故障和时效及其对市场对品质的影响		√	√				
4.30	是否有一明确的计划,以不断地对制程自动化进行改进		√	√				
4.31	是否设立品管圈活动		√	√				
4.32	作业人员是否依规定穿戴防护具		√	√				
4.33	改善品是否能进行识别,是否有 S/N 或 Barcode 的记录		√					
5:	仪校　该项得分:　该项总分:　该项得分百分比:							
			A 类	B 类	C 类	Yes=1	No=0	N/A=X
5.1	是否有一个正式控制体系以确保所有设备的精确度及准确度		√					
5.2	是否有 Gauge R&R 程序以确保仪器的精度以及准确度		√					

5.3	是否所有的校验人员都被适当培训过，人员是否定期参加培训班，无论是外部还是内部	√		
5.4	是否建立仪器设备清单	√		
5.5	是否有一个正确的方式搬运和存贮测量仪器、设备、工具及治具，以保证准确性和适合度	√	√	
5.6	校验标准是否可追溯到国际或国家测量标准	√	√	
5.7	当发现测量、测试设备达不到要求时是否有采取相应措施	√	√	Yes=1
5.8	当发现使用超出校值的设备对产品进行检测时，是否有程序对产出的材料进行处理	√	√	No
5.9	是否有检验、测量、测试设备及人员管理的制度，且能贯彻实施	√	√	Yes=1
5.10	是否在合适的时间间隔内对设备进行验证或重新校准	√	√	Yes=1
5.11	是否确保正常使用的仪器在有效期内	√	√	Yes=1
5.12	供应商是否保证环境条件适合于校验、检验和测定	√	√	Yes=1
5.13	是否明确标识免检的设备	√	√	no
5.14	所有用于校正用的设备（标准设备）是否妥善存贮、管理和校正	√	√	no

（续）

	仪校	该项得分百分比：	评鉴类别			得分		
5：		该项总分：	A类	B类	C类	Yes=1	No=0	N/A=X
5.15		是否保留校验记录	√	√	√	Yes=1		
5.16		是否有表明检定结果的标记	√	√	√	Yes=1		
6：	产品防护	该项得分百分比：	评鉴类别			得分		
		该项总分：	A类	B类	C类	Yes=1	No=0	N/A=X
6.1		是否有产品搬运、贮存、包装和交付办法，且能贯彻执行	√					
6.2		是否有提供防止搬运损坏的方法	√					
6.3		静电敏感的材料是否贮存在防静电包装里	√					
6.4		在适当的时间间隔内是否对库存产品的条件进行重新评估，以减少损坏	√					
6.5		是否制定原料/成品仓库的管理办法，且贯彻执行		√				
6.6		易燃的、腐蚀的、有毒的材料是否有适当保存和隔离开	√	√				
6.7		存贮场所的特殊材料是否定期进行温度和湿度监测	√	√				

序号	内容	A类	B类	C类	
6.8	仓库环境能否做到防火、防水、防盗、防变质及防意外事故	√	√	√	Yes=1
6.9	材料控制记录是否保存	√	√	√	Yes=1
6.10	材料发放是否按照先进先出的准则	√	√	√	Yes=1
6.11	是否有规定原材料、成品的库存有效期	√	√	√	no
6.12	各类库房物资是否分类存放，标记明显（包括良品、不良品）	√	√	√	Yes=1
6.13	各类库房是否整洁、堆放合理		√	√	no
6.14	是否有消防措施		√	√	Yes=1
7：	测量、分析 该项得分百分比： 该项总分：			评鉴类别	得分
		A类	B类	C类	Yes=1　No=0　N/A=X
7.1	所有关键的过程和参数是否在统计控制下（如控制图、CP/CPK研究）有效实施	√			
7.2	是否按照质量计划或文件化程序对产品进行检验、测试、标识	√			
7.3	是否进行长期的可靠性测试	√			
7.4	对关键的参数是否进行性能研究	√			
7.5	是否有进行MTBF测试	√			

(续)

7: 测量、分析		评鉴类别			得分		
该项得分 该项得分百分比: 该项总分:		A类	B类	C类	Yes=1	No=0	N/A=X
7.6	是否有进行X-Ray测试	√					
7.7	是否根据计划及文件化的内部质量审核程序进行全面的内部质量审核	√					
7.8	内部品质稽核是否验证实符合品质目标、顾客需求、制程需求和ISO要素要求	√					
7.9	内部品质稽核是否证实质量体系的有效性,例如对SPC、CLCA数据的评审	√					
7.10	是否依据实际工作情况和工作重点制定内部品质稽核计划	√					
7.11	内部稽核和追踪是否根据文件流程来实行	√					
7.12	若在稽核过程中发现不足,则负责该领域的管理者能否及时采取措施	√					
7.13	是否利用统计技术建立一个系统,用于控制、验证制程能力和产品特性	√					
7.14	是否利用统计技术建立产品品质特性的相关性	√	√				
7.15	是否进行成品检验,是否有检验和试验规范	√	√				
7.16	测试和检验的数据是否在报告中体现	√	√				
7.17	检验员是否依检验指导书作业	√	√				

编号	项目	A类	B类	C类	得分
7.18	功能测试是否涵盖产品所有功能	✓	✓		
7.19	是否明确定义成品出货之核准权责	✓	✓		
7.20	是否确保进料和成品在检验以达到要求后才投入使用	✓	✓	✓	Yes=1
7.21	是否对所有执行的检验做出完整的检验报告	✓	✓	✓	Yes=1
7.22	检验员是否取得检验资格或由经验丰富的检验员带领	✓	✓	✓	Yes=1
7.23	是否实行首样检验、巡检制度	✓	✓	✓	no
7.24	是否有独立于生产部门之外的检验部门,是否有专职检验员并职责明确	✓	✓	✓	Yes=1
7.25	主要检验设备、仪表、量具是否齐全,且处于完好状态,并按期校准	✓	✓	✓	Yes=1
7.26	成品是否在工序检验合格的基础上进行检验合格才放行	✓	✓	✓	Yes=1
7.27	AQL水准是否符合我们的要求	✓	✓	✓	Yes=1
8:	不合格品控制、改进 该项得分百分比: 该项总分:	评鉴类别 A类	B类	C类	得分 Yes=1 No=0 N/A=X
8.1	是否定义材料的处理标准	✓	✓		
8.2	是否有发布MRB材料CLCA的需求	✓	✓		
8.3	纠正措施要求中是否包括所有必要的细节,如料号、批号、检验日期、批量大小、拒收数量等	✓			

(续)

8: 不合格品控制、改进		评鉴类别			得分		
	该项得分：该项总分：	A类	B类	C类	Yes=1	No=0	N/A=X
8.4	如果供方有过失，则是否有一个体系反馈给IQC采取行动	√					
8.5	对策报告是否经过相应权责人员评审和批准	√					
8.6	对市场返回的不良品是否有一套分析、纠正预防及持续改善流程	√					
8.7	CLCA在规定的时间内是否有完整的答复	√					
8.8	对不合格品是否进行分析并采取纠正、预防措施	√					
8.9	当可靠性测试失败，是否提出纠正、预防措施要求	√					
8.10	是否有一套对不合格品进行隔离、标识、记录、分析、改善及采取纠正预防措施的控制办法		√				
8.11	是否有一个合理的Rework流程	√	√				
8.12	Rework后的产品是否有进行加严检验	√	√				
8.13	是否有一个体系，能反馈不良分析对策到相应部门，包括制造部	√	√				
8.14	对处理不合格品的有关部门和人员的职责、权限是否做出规定	√	√				
8.15	如果让步接受不良材料，是否有评价风险因素	√	√				

8.16	对公司重大品质事故是否进行了有效的分析和控制	√		
8.17	实施纠正预防措施的过程中,若发现对策无效,是否有再改进		√	Yes=1
8.18	是否保留所有纠正预防措施及结果的记录		√	Yes=1
8.19	是否对预防措施的有效性进行监控		√	no
8.20	当提议"照旧使用"或"修理"的让步时,是否按照合同要求向客户(买方)或其代表报告?		√	no
8.21	如果不良材料需要挑选或重工,是否有额外的检验		√	Yes=1
8.22	是否对不合格品进行标识、隔离		√	Yes=1
8.23	是否标识并控制不符合要求的产品,以防止误用或交付		√	Yes=1
8.24	是否纠正不合格的产品,并在纠正后予以重新验证,以证实其符合性		√	Yes=1
8.25	在交付和开始使用后发现的不合格品,是否针对该不合格品造成的后果采取适当的措施		√	Yes=1

注: Yes: 必要时,有该程序文件或规定,并彻底执行。
NO: 未有程序,或是有程序但未按要求执行。
N/A: 该项不适用于该公司,不会发生这种情况。

这套表格的第一个优点在于用一张表格可以审核 A、B、C 这三类供方：我们以生产和服务提供为例，A 类要求所有项目都要审核；C 类只要求审核与产品有关的项目；B 类处于两者之间。

这套表格的第二个优点是其问题设计采用 Yes or No 型，回答 Yes，给 1 分，附上记录；回答 No，给 0 分。这样的问题设计可实现客观量化，操作简单。

我们发现，很多家企业的供应商评估表格是直接打分型，即前面是项目，后面是分数，如优秀 5 分、良好 4 分、普通 3 分、差 2 分、极差 0-1 分。这种表格除非对评分标准有非常具体的规定，否则不建议使用。这种主观给分的方法，会造成同一公司两位审核员，由于背景、感觉、情绪等诸多原因给同一供应商打出偏差很大的分数，无法客观描述供应商的真实状况，也容易出现人为操控。这套表格，可以发给供应商做体系自评，附上记录就可以自动打出分数，画出供应商能力图。

支出金额维度：明确降本与库存管理策略

物料支出金额维度，对于这个维度，采购人员与财务人员会很关心。这种分类能够解决采购降本与库存管理策略的问题。我们仍然按物料支出金额分成 A、B、C 这三类，物料花费及库存管理策略对照表如下所示。

物料支出及库存管理策略对照表

类别	所占数量	所占金额	管理策略
A 类	10%	70%	降本重点、库存为 JIT
B 类	20%	20%	可以降本，安全库存
C 类	70%	10%	整合打包、使用综合服务商

第 3 节 供应商管理策略

对风险与支出金额两个维度进行组合，我们可以得出下图所示的这个模型。

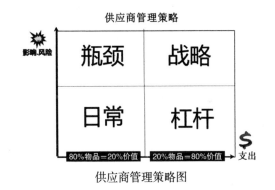

供应商管理策略图

1. 关键类的物料

这类物资支出占比大，风险高；提供关键类物资的供应商我们称之为战略供应商。供需双方互相依赖，长期进行战略合作，你在乎我，我在乎你，有点像夫妻关系。双方通过签订长期的战略合作伙伴协议，塑造一种利益共享、风险共担的机制。对于战略类供应商，关注焦点为价值创造，即如何利用供应商的专业能力将双方的蛋糕做大，可以让供应商参与我们的新品开发。战

供应商的质量人员即我们公司的质量人员，所以应该推动战略类物资的免检。

2．瓶颈类物料

瓶颈类采购物资是供应商管理的一个重点，也是一个难点。对于瓶颈类采购物资，我们通常更依赖供应商，而供应商对我们的依赖度较小。对瓶颈类供应商的管理方向是保持供应、寻找替代。如果是外部原因形成的瓶颈类供应商，如政策垄断或技术垄断，这类供应商实质上是你的客户，你要像对待客户一样与其建立良好的客情关系，比如企业的高层要经常拜访供应商，以获得瓶颈类供应商的支持。质量人员应理解这类供应商的特点，不提无理的要求，要求供应商处理问题时，要有理、有节、有据，不要为企业带来不必要的麻烦。

3．日常类物料

日常类物料是指花钱少、风险也低的采购物资，这类物资供需双方依赖程度都很低。日常类采购物料的管理方法是整合。对需求计划进行整合，包括在时间上和空间上进行整合。时间上整合指的是按年度或月度或季度对需求进行整合；空间上的整合指的是对各个部门、各分子公司的量进行整合。在供应商端，则应尽可能地使用综合服务类供应商。质量与技术人员应推动这类供应商数量整合，以减少管理成本。

4．杠杆类物料

杠杆类物料指的是花钱多，但风险低的采购物资。各家供方供应的产品，质量上没有太大的区别。企业强势，供应商依赖于我们，这类供应商数量可以适当开放，吸引供应商之间进行充分的竞争。杠杆类采购物资，是我们降本的重点。所以供应商会有更换，质量人员应建立帮助新供应商快速复制质量系统的能力。

这个分类有两大用处，一是对现有供应商进行盘点，下面为人家提供一个盘点问题列表。

- 我们 ERP 里一共有多少家供应商？（看看有多少人知道。）
- 哪类供应商数量太少，需要寻源？
- 哪类供应商数量过多，需要减少？
- 哪些供应商需要进行优化？
- 哪些供应商需要改变管理策略？
- 如何把战略类、瓶颈类、日常类供应商向杠杆类引导？
- 从业务出发，我们的整体供应商规划是什么？

第二大用途是对新引入的供应商进行事先定位。下面列举一个食品行业的例子。

- A 食品企业生产山楂制品（山楂占比 95% 以上）出口欧盟，请问 A 企业会将山楂供应商定位成哪类供应商？
- B 果汁企业也开发了一种山楂饮品，请问 B 果汁会将山楂供应商定位成哪类供应商？

下面来揭晓答案。

- A 企业会把山楂供应商定位成战略类供应商，长期战略合作，严格审核。
- B 企业会把山楂供应商定位成杠杆类供应商，短期合作，让供方充分竞争。

如果不明白为什么会这么做关系定位,那么请重新回看一下战略、瓶颈、日常、杠杆供应商分类模型的两个维度。

第 4 节　强势供应商怎么管

强势供应商是供应商管理中的老大难。我们对强势供应商首先应该做更细的区分,找出是什么原因造成供应商强势。

政策或技术垄断造成的瓶颈类供应商

一类是外部原因形成的,外部原因又分为政策垄断形成的供应商,如国家电网、中石油、中石化;还有一种情况是技术垄断造成的,比如说,电脑行业英特尔由于技术垄断,成为 PC 企业的瓶颈类供应商;通信业,高通甚至利用专利敢去掐住苹果公司的脖子,非常强势。由于稀缺性,直接导致了这类供应商在供应链中的强势地位。

供应商管理不是在真空下进行的,要在现实环境下做个策略优选,这里有几句话送给大家:**改变能改变的,不能改变的则改善,不能改善的则忍耐,不能忍耐的则离开**。

哪部分需要忍耐?瓶颈类的就需要忍耐。这时企业必须转变成一个观念:你非常在意他,他离开你却无所谓,这类供应商在支配地位上已不是你的供应商,而是你的客户。他来了你要负责接待,你公司小,对他没有吸引力,你要做的是和他建立个人信任关系。与瓶颈类供应商相处必须用销售思维,永远关注对方想要什么,你能给对方提供什么。

有一次公开课,有位学员问我:姜老师,我们一年从一个供应商处买6000万元的货,我要去供应商现场审核,供应商回复不欢迎,要来审核就别从这边买了。我该怎么办?

我问:你们的采购额占他销售额的比例是多少?

学员:大概万分之二。

我问:假设他同意你去审核,如果你发现他有一堆问题,你有没有能力和权力让他整改?

学员:没能力。

我问:不改能不能换掉他?

学员:不能。

我说:那不用去了。你发现问题他也不改,不改你又换不掉人家,那你去和不去没什么有区别?瓶颈类的供应商的审核是让你去就去,不让你去就算了,只要对方能在结果上提供证据,也可以不做过程方面的审核。所以这么多年,几乎很少有人审核过可口可乐、高通、Intel、国家电网这类企业。

瓶颈类供应商要不要做月度考评?不建议。你的考评很有可能没有意义且可能引发负效果。如果需要做质量投诉,因为这类供应商大多客户服务意识相对较低,也就意味着我们得做大量试验,拿出可靠证据,有理有节地沟通质量问题。

内部管理不善造成的瓶颈类供应商

内部管理不善也会导致强势供应商。如果是我们自己内部原因造成的,这就需要我们内部改变,而不是推给供应商。比如说我们的设计人员标准化不足，经常设计出"天下无双"的非标件，供应商总是要开模具，不断送样，没有批量，到最后供应商也就绝望了。供应商开始不愿意接我们的业务，要给我们介绍另外的同行，他们的潜意识是与我们合作得不偿失。注意，这类问题很难推动供应商改善，而应推动内部建立标准化小组、做物料优选库，使物料标准化、通用化，这时供应商才会从强势变为协作。

多品种小批量造成的瓶颈类供应商

除了物料标准化、通用化，如果真的遇到多品种小批量供应需求怎么办？

我们曾辅导过的一家企业是全球放疗设备的领导者，因为设备整体造价很高，一台可以卖到上百万美金，所以对于他们来说每年能生产100台就已经不错了。这家企业的显著特点就是需要多品种物料且为小批量。尽管牌子很大但找供应商不好找，他们找钣金类供应商，每月下的订单一般就是十几个，要求还高，钣金类供应商都不爱做。在辅导期间我曾问："对于我们的供应商管理，如果用一个字来总结，那会是什么？"他们的团队想了半天，用的是"求"字诀，求供应商帮帮忙。这家企业怎么能找到合适的供应商？

钣金类的供应商属于哪种类别呢？首先钣金类物料风险高不高？高，所以应该属于瓶颈类或者关键类供应商。他们的量大不大？不大，所以这个供应商可能是瓶颈类的。他们希望找的供应商，应该是技术上能达到要求，所以供应商的加工设备要好、检测设备要好，同时还有不能嫌客户量少，最好一件也做。到哪里才能找到这样的供应商呢？大家可以思考一下。

其实最好的途径是找做工装夹具类的供应商，工装夹具供应商数据加工中心 CNC、三次元、投影机这类该有的生产设备、检测设备都有，另外哪怕做一个工装夹具他们也会做，从不嫌量小。所以开发这类技术上达标，不嫌客户量小的供应商，企业甚至可以与供应商谈判，"你不能按工装夹具报价，我们的量很多，一年 100 多套，所以你得按机加工价格报价"，后面一旦进入合作，你会发现合作会很顺利，因为你找对了供应商。

客户指定形成的瓶颈类供应商

还有一类强势供应商，是客户指定的供应商。

客户指定的供应商很难管理，因为供应商不是你选的，而是有客户在后面撑腰。这类问题的解决办法有两个：

（1）与客户、客户指定的供应商签订三方协议，明确后期质量的标准、处理流程。在合作之前就明确谁来管，如何管。

通常客户指定完供应商，客户就不想管了，而你想管又没有权利管，所以通过三方协议向客户要到"尚方宝剑"，原则上按照我们的检验标准来验收，如果发生争议可提交客户裁定。如果客户在指定时间内没有回复，视同客户同意我方的基准。用这种方法事情很快就能解决，发生争议了提交客户，客户说不行那供应商就进行相应处理，客户通过了就继续后面的流程。

（2）如果客户与供应商都很强势，怎么办？那就选别的方法。比如，苹果指定富士康从三星买料，三星的供料按照苹果的标准不合格，按照三星标准合格，富士康夹在中间应该怎么办？富士康可推出选别组，以苹果的标准对三星的供料进行筛选上线，同时由苹果公司支付筛选费用。

内部关系户形成的瓶颈类供应商

最后一类强势供应商为内部关系型供应商。

几乎所有的企业都会有内部关系户，有的来自于企业高层的亲朋好友，有的来自于强势部门的推荐，有的供应商在企业创业时帮过忙，但企业快速发展，供应商并没有同步跟上。从价值的角度来看，这类供应商对企业贡献度很低，甚至是负面的，但从感情层面又很难舍弃。当然，还有一部分内部关系型供应商可能是因为不正当的利益关系而存在的。

对于已有的关系型供应商，这里给大家一个忠告，不要一上来就试图将这个供应商干掉，因为企业里面的关系错综复杂，很有可能会引发出一些其他问题，甚至有的时候你还没有将供应商干掉，供应商已经通过关系把你挤掉了。对于内部关系型供应商，我们建议分步骤分化（以下为套路，属于供应商管理艺术层面）。

（1）**帮扶**：对供应商进行辅导，尽管可能会没有效果，但是该做的动作都必须做到位。

（2）**开始对该供应商进行绩效统计**：什么时候，由于该供应商来货不良造成生产线停线多长时间，损失多少；什么时候，由于该供应商造成客户索赔，损失多少；什么时候，由于该供应商来货不良，造成生产线返工返修，费用多少。这些都是统计项。

（3）**以数据说话，向公司建议，增加备选供应商，以应对供应链的风险**。因为是增加而不是去掉，所以这一步的实施阻力会比较小。

（4）**开始做订单转移，依据两家供应商的绩效表现，不断转移订单**。这时关系型供应商的竞争意识也会调动起来，可能会自行整改。如果整改得好，我们还可适当向其倾斜。

（5）**供应商没有整改好，关系型供应商订单越来越少，等待他主动提出不做了**。

第 5 节　如何推行本地化项目

对供应商管理的另一个重要的影响方向就是本地化项目的总体管理。国产化或本地化，指的是从原本国外的、高成本的供应商采购的物料，通过本地的、低成本的供应商开发，转移到距离更近、成本更低的供应商处，从而大幅度降低采购成本、并获得物料更快捷供应。所以国产化和本地化，是很多外资企业主推的一个活动。

在欧美企业推行 Sourcing，也就是战略采购或寻源职能，其核心任务就是承担国产化的责任。而国内推行的物料专家组，也将国产化、本地化开发当作一个重要的任务。哪类物料可以本地化、本地化的优先级如何、目前进度如何，这些都成为一个重要的项目管理的总体策略。

首先，本地化项目，应该优选风险低、金额高的项目开始操作。因为本地化项目,刚开始操作时往往缺乏经验,因此宜从风险低的项目开始,即使出现一些失误,总体风险也是可控的,所以我们在做本地化时,经常是从质量风险为C类的物资开始操作。

下面我们通过一家世界500强企业的国产化路径图,为大家分析一下如何使用本地化。

还是分为两个维度来讲解:一个是可行性,这个可以看成是质量风险的对立面,风险等级越低,可行性就越高;一个是降本的金额维度。下图用气泡的大小来表示降本的金额,用气泡的位置决定降本的优先级。优先级分为三个区域,其中Priority1金额高,可行性高,优先推进;Priority2次之;Priority3优先级最低。下图用图示的方式清晰地说明了其国产化路径,值得借鉴。

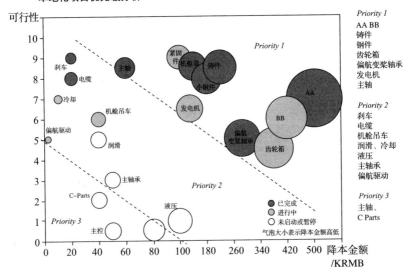

国产化路径图

第 6 节　学以致用

学

请用自己的语言描述本章的要点。

思

描述自己企业的相关经验与本章带来的启发。

用

我准备如何应用？我希望看到的成果是什么？

会遇到哪些障碍？

解决障碍有哪些方法、措施、资源？

第 3 章

供应链管理中的质量管理策略

SQM 归根结底是质量管理在供应链端的应用。管理欲动,策略先行。积极有效的质量管理策略,是 SQM 得以成功落地的关键。

第 1 节 质量管理的基本概念

正本清源质量谜,什么是质量

对于质量,不同的人其理解会大不相同。如果你去问初中生,他们给出的答案很可能是:质量是物体所含物质的多少。他们所说的质量是物理学上的质量(Mass),显然不是我们要谈的质量(Quality)。

这个误会是因为中文表达的巧合造成的,如果是英文表达,这方面因巧合所造成的影响应该不会存在。那么我们如果将质量锁定在 Quality 这个范畴，大家是否就会有共同的理解？

最近有几位企业家找到我（邢庆峰），要求到其公司进行内训，培训的内容就是提升企业管理人员的质量意识。谈到质量意识，不得不让人想起我们经常听到的如下几种说法。

- 高质量就是"好"。
- 质量是质量部门的事。
- 高质量就意味着高成本。

这些观点正确与否，相信看完本节的介绍，便会水落石出。

首先，我们先来看一下国际标准化组织对质量的标准定义，在 ISO 9001:2015 版中，对质量的准确定义如下。

客体的一组固有特性满足要求的程度。

下面就来解读一下该定义。

（1）**客体**：是一组固有特性的载体，可以是产品、服务，也可以是某项活动，还可以是管理体系等。

（2）**一组固有特性**：包括性能、寿命、可靠性、安全性、经济性等。它是将客户模糊、将感性的要求转换为清晰、理性的用工程或技术语言描述的需求。

（3）**要求**：包括显性和隐性两个方面的要求，一般从三个层级考虑，具体如下。

- **第一层，合规性，显性要求**：往往是强制执行的。这类要求包括法律、法规、国际标准（如 ISO 要求）、国家标准（如中国的 GB、德国的 DIN、日本的 JIS）、行业标准等。

譬如，电器产品在美国须 UL 认证，在欧洲须 VDE 认证，在中国须 3C 认证，否则无法销售。

- **第二层，企业标准规定的要求**：这类要求往往具有显性和隐性双重性特点。显性标准是指企业制定的成文的质量标准，是指导企业质量管理的基础，但在出现产品实际质量不能匹配质量标准规定的要求，而又不影响功能、使用、客户感知度等情况时，隐性标准中"让步接收""特采"就会发生。在很多企业中，企业标准与实操脱节，会造成"特采"现象长期存在，但责任部门不肯或者不能修改质量标准，这就形成了一个怪圈。企业越大，这种现象危险性越大，因为这将会是一个不定时炸弹，一旦被竞争对手发现，并加以利用，就可能成为一桩质量丑闻。

- **第三层，客户的要求**：这一层真实反映了客户的期望，是最高级别的质量标准，也是企业赢得客户订单的关键要素。这一步骤的关键是精准把脉，定位客户需求，然后转化为可实现的企业标准。VOC（Voice of Customer，客户的声音）是一个有效的工具，对于面向终端用户的企业，其核心任务是充分收集并分析客户的要求；对于按照客户给定的技术规范生产的企业，其核心任务就变成了充分与客户沟通图纸、特殊要求等相关标准。

这个环节中，若是满足客户要求的标准设计得过于保守，譬如安全系数过大、公差带太小，则会造成生产及采购成本的大幅度上升，丧失竞争优势；相反，如果设计得过于激进，安全系数太小，则可能会造成系统性失效。QFD(Quality Function Deployment，质量功能展开)与VA/VE(Value Analysis & Value Engineering，价值分析与价值工程)的配合使用，在保证基本功能的同时能够有效消除浪费。

因为质量要求尤其是客户的质量要求不断升级，企业才需要持续改进，不断提升，目的是持续满足客户的要求。

（4）**程度**：是判断质量好坏的尺度，一般用百分比表示，其中合格率是最常见的参数。

随着质量的提升，99%的合格率在很多行业已不能满足客户的要求，取而代之的为PPM（Part Per Million，每百万不良数，99%=10000PPM）。

质量定义奠定了一切质量活动的基础，是质量问题分析与解决路径的指导方向，如下图所示。

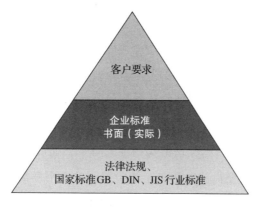

质量要求的三个等级

质量管理

质量管理是指产品和服务在交付过程中的质量统筹规划、组织协同、执行控制、持续改进等一系列活动，以达成满足客户需求，赢得客户订单的经营目标。持续交付满足质量标准尤其是客户期望质量标准的能力是企业核心竞争力之一，是企业基业长青的基础。

要做好质量管理，企业需要在质量方针、质量目标的指导下持续改善机制，这个机制就是PDCA（Plan 计划，Do 实施，Check 检查，Action 行动）闭环循环。

质量方针、质量目标是企业质量管理战略的核心。质量方针（Quality Policy）是企业经营方针的重要组成部分，是企业对质量的指导思想和承诺，它由企业最高管理层发布，应具有明确的号召力。在供应链的环境下，它还须延伸至供方及客户端，保证整个链条都以满足客户需求为目标；质量目标是质量方针的体现。与所有目标一样，它除了应有的先进性之外，还应符合SMART（Specific 具体的，Measurable 可测量的，Achievable 可实现的，Relevant 相关联的，Time-bounded 有时限）原则。质量目标是在客户需求交付的全过程中保证质量的方针。

那么，质量目标又该落实到谁的身上，通过什么步骤来实现呢？其实这需要再回归到第1章中提到的3个层级（三部曲）和4个职能。也就是说，质量目标是由客户质量（CQA）、设计质量（DQA）、供应商质量（SQA）和制造质量（MQA）通过质量策划、质量控制和质量改进三部曲来实现的。

综上所述,质量管理是在质量方针、质量目标的指导下,由贯穿于客户质量管理、设计质量管理、制造质量管理、供应商质量管理四个环节的质量策划、质量控制、质量改善以及组织、流程、工具方法等组成的系统,示意图如下。

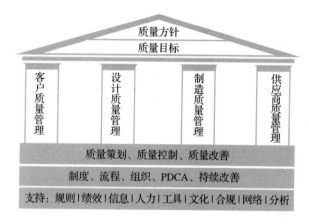

全方位多维度质量管理

那么如何实施质量管理呢?具体应该先干什么呢?

如何用质量成本唤醒(供应商)管理层对质量的重视

公司管理层真的重视质量吗?每次上课我都会提出同样的问题,不知道是出于对老板的尊重,还是迫于老板的淫威,大家给出的答案都是"非常重视"。可是当我们再往下细问的时候,结果往往会让人倒吸一口凉气,比如下图所示的这些现象。

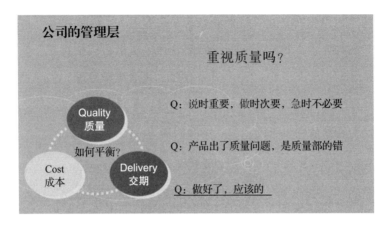

真的重视质量吗?

当出现上述现象时,说明企业的质量意识出现严重错误。那么如何才能树立正确的质量意识呢?放之四海皆准的方法之一就是用数据说话,用钱说话,衡量要做好质量的付出以及质量做不好会带来的损失,即用质量成本来说话。质量成本包括预防成本、鉴定成本、内部损失及外部损失4个部分,如下图所示。

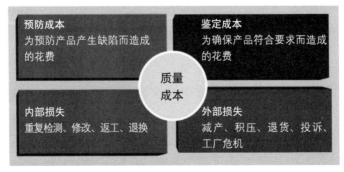

质量成本结构图

预防成本是指为预防产品产生缺陷所产生的费用,例如,体系培训、认证的费用、质量文化建设费用及质量活动的策划费用等。

鉴定成本是指为保证产品符合要求而产生的费用,包括检验人员的费用、检验设备的投入及设备的校验费用等。

以产品是否交到客户处为界线,质量损失可以分为内部损失及外部损失。内部损失通常包括重复检测、返工、返修等。而外部损失除了包含内部损失所涵盖的检测、返工、返修外,还包括退换货、客户投诉处理、减产、产品积压及很多无形的损失,严重时会被逼破产。

那么,质量成本到底有多高?不同制造水平的质量成本又能占企业营业额的几何呢?一般工业水平(3~4σ)的企业,其质量成本可以占到营业收入的15%~30%;而对于缺乏竞争力水平(1~2σ)的企业,其质量成本会占到营业收入的30%~40%,甚至更高。由此可见,质量水平越高,质量成本占营业额的比重越低,即高质量,低成本。质量水平与营业额比重的关系如下图所示。

σ 水平	缺陷率(PPM)	质量成本/营业额	竞争力水平
6σ	3.4	<10%	世界级水平
5σ	224	10%~15%	
4σ	6387	15%~20%	工业平均水平
3σ	66811	20%~30%	
2σ	305250	30%~40%	缺乏竞争力
1σ	701361	>40%	

质量水平与营业额比重的关系

上图所示的这些数据触目惊心，会让很多企业家转变对质量的态度，不管在说的时候，还是在做的时候，甚至是急的时候，都会对质量保持一份敬畏之心。最后用一首打油诗来对本节内容进行一个总结。

> 正本清源质量谜，特性要求程度里。
> 策控改作三部曲，客设供制和唱齐。
> 方针目标罩全局，PDCA道天机。
> 预防鉴定内外失，成本唤醒东家知。

第2节 如何快速探测供应商质量管理成熟度

供应商质量管理就是以供应商作为管理对象，基于公司供应链、采购战略，制定供应商质量管理的方针、目标、策略，并且贯穿于供应商产品及服务交付的全过程，包括客户质量管理、设计质量管理、制造质量管理，以及供应商的供应商质量管理的质量策划、质量控制、质量改善，还包括相关的制度、流程、组织、绩效、方法、工具构成的系统，是公司质量管理的重要组成部分。

基于行业、产品等不同，供应商质量管理的水平不同，那么，应如何判断供应商质量管理标准是否符合公司的要求呢？在这里，我们引入成熟度的概念，为新供应商的导入或现有供应商的发展提供行之有效又简明快捷的参考依据。我（姜宏锋）根据多年的工作经验总结出了质量管理4.0模型，如下图所示。

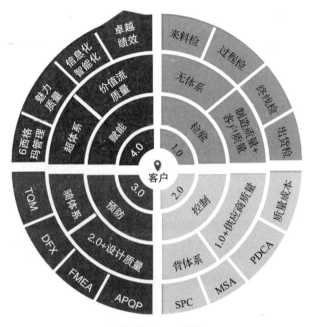

质量管理 4.0 模型

质量管理 1.0

1. 主要特征为事后检验（又称"死后验尸"）

在这个阶段，检验的目的还停留在判定产品是否满足既定的要求（是否合格）这个层面。20 世纪初，随着泰勒科学管理理论的提出，专职的检验岗位开始出现。检验工作从操作人员的任务中分离出来，开启了古典质量管理的篇章。

2. 少有体系，组织架构不清

处在这个阶段的多为初创型的企业，创始人多为从贸易或其他领域刚刚转入制造业不久，有很强的开拓客户的能力，但是质量管理水平亟待提高。处在这个阶段的企业，基本上没有有效的质量管理体系。即使有，也是"别人"做的体系，同时没有明确的质量管理战略，质量目标（如不良率）等往往是用简单的百分比进行统计。

由于质量管理战略不明确，制度流程缺失，导致组织架构不清晰，岗位职责不明确。譬如，无法明确谁负责制造质量，谁负责客户质量，一旦出现问题，所有人都有权，但没有人来承担责任；人员配置上经常是一个质量经理带着一群检验员在"打"天下，专注于制造质量，但因为质量管理水平有限，客户投诉多，企业需要投入大量人力物力处理客户质量问题。

3. 主要活动及典型工具的应用

质量1.0阶段的企业管理的典型特点是以检验为手段，确认产品本身符合控制过程的要求，质量策划及质量改善活动鲜有出现。公司质量管理的主要活动是IQC（Incoming Quality Control，来料质量检验）、IPQC（In-Process Quality Control，过程质量检验）、FQC（Final Quality Control，终线质量检验）以及OQC（Out-going Quality Control，出货质量检验）。检验出来的不良品，要么降级使用，要么返工或报废。公司奉行的是靠检验拦截不良品以实现质量控制的管理方法。一帮人疲于拦截，质量问题分析与解决工具没有得到有效运用，质量问题频繁出现，"救火"成为常态。在供不应求的年代，产品只要做出来，就能卖得出去，处于质量管理1.0阶段的企业因此得以存活，但是当市场环境出现供过于求、市场竞争加剧的情况时，这些企业就很难生存了。

质量管理 2.0

1. 统计过程控制取代事后检验

1924 年，美国统计学家休哈特将统计学、工程学和经济学结合起来，开创了 SPC（Statistical Process Control，统计过程控制）这一新的领域。通过抽样检验来监视生产过程的稳定性，并通过 PDCA 循环进行持续改善。

2. 组织架构逐渐清晰，但背着体系负重前行

处在 2.0 阶段的企业大都被动通过了质量管理体系（如 ISO9001:2015）的认证；一部分企业已经主动或被动地开始采用 PPM（Part Per Million，每百万不良数）的概念制定相应的质量目标。

因为没有充分认识到质量管理体系的重要性，给客户说的是一套，实际执行的是另一套，体系也就沦为招揽客户的幌子，两层皮的现状导致有限的资源分流到被动应付体系（系统、客户审核）上，每次应审都要忙个鸡飞狗跳。质量管理，在原有工作的基础上，还要背着体系这个大包袱，很多企业因此不堪其苦。背着体系走的一个典型的现象便是文件越做越厚，而质量却越做越差。

在组织架构上，除了制造质量、客户质量管理之外，供应商

质量管理的职能开始出现。质量管理已从关注检产品验结果提升到关注过程控制以及基于质量成本的系统改善，从而提高客户满意度。

3. 主要活动及典型工具的应用

处在质量管理 2.0 的企业，虽然体系被动运作，但是质量活动已从单纯的质量控制扩展到了质量改善的范围，SPC 已经开始并逐步推进，MSA（Measurement System Analysis，测量系统分析）也在公司内部付诸实践。PDCA 循环的改善思路的普及，为有效性的改善提供了可靠的支持。一些企业采用货币化的符号即质量成本来衡量质量管理水平。

质量管理 3.0

1. 前期预防唱主角，质量文化开局面

随着 TQM（Total Quality Management，全面质量管理）在日本的兴起，质量管理开始上升至企业文化的层面。而以前期预防为目的的质量策划活动正是对质量文化转变的印证。

2. 组织架构趋完善，协同体系不费力

质量管理 3.0 的企业在组织架构方面已经日趋完善。企业已明确采用 PPM 来制定相应的质量目标，并且一般在 PPM 三位数，部分优秀的企业将不良状况控制在 PPM 两位数。

设计质量管理的出现填补了迄今为止质量管理的最后一块砖。至此，设计质量管理、制造质量管理、供应商质量管理、客户质量管理的协力合作与质量策划、质量控制、质量改善组成的

质量管理三部曲完美协同。而质量策划本身也衍生出了质量管理战略的策划、质量管理体系的策划及新产品实现的策划。质量管理体系已经演变成企业有效运行必不可少的系统。

3. 主要活动及典型工具的应用

源于美国、扬名于日本的 TQM 为处在质量管理 3.0 阶段的企业打开了质量管理升级之门。QCC（Quality Control Circle，品管圈）、技改小组活动、合理化改善等全员参与的活动开始活跃起来。在战略方面，上接公司发展战略的质量管理战略开始策划并正式予以启用。在产品开发方面，设计开始以客户为关注焦点，VOC（Voice of Customer，客户的声音）、QFD（Quality Function Deployment，质量功能展开）、DFMA（Design for Manufacturing and Assembly，面向制造及装配的设计）、FMEA（Failure Mode and Effect Analysis，潜在失效模式及后果分析）、APQP（Advanced Product Quality Planning，产品质量先期策划）、PPAP（Production Part Approval Process，生产件批准程序）开始普遍应用。

质量管理 4.0

1. 6σ（六西格玛）管理扛大旗，卓越绩效万人迷

追求完美、以"零"缺陷为目标的 6σ 管理，主张无边界合作，由数据和事实驱动有预见的积极管理。在信息化发达的今天，卓越绩效管理将为"质"胜中国开启一条康庄大道。

2. 价值流管理，无边界合作

处于质量管理 4.0 阶段的企业，已经超越了质量管理体系的要求。质量指标，如客户投诉 PPM、在线不良等已经严格控制在 PPM 两位数，甚至个位数之内，"零缺陷"已经不再是一个概念，而是成为企业文化的一部分。

质量管理的组织架构开始由完整转向完美。价值流管理突破了原有组织架构的部门墙，跨部门协同成为主流，奠定了质量文化的升级。

3. 主要活动及典型工具的应用

6σ 管理的开展促使企业从了解、满足顾客需求到取得最大利润的各个环节实现了良性循环，通过减少随意性和降低差错率，以提高顾客满意程度。质量挣脱了一组固有特性的限制，以满足并超越客户的期望为宗旨，从提升质量到魅力质量，引领客户的期望，使客户变成忠实的粉丝。以 6σ 管理为基础，以信息化和自动化为手段，智能制造为实现卓越绩效奠定了基础。

通过质量 4.0，您可对企业的供应商进行快速定位，为供应商的质量管理升级找准路，掌好舵，从而最大限度地满足企业发展的需求。

口诀

质量管理 1.0：检验当道无体系；

质量管理 2.0：过程控制背体系；

质量管理 3.0：预防为主骑体系；

质量管理 4.0：魅力赋能超体系。

第 3 节　供应商质量管理之于质量管理

供应商质量管理的定义

供应商质量管理（Supplier Quality Management，SQM）是将被动来料质量控制（IQC）转变为更加主动的全面供应商质量管理系统。其目的是维持和提高供应商的品质保证能力，以持续提供符合或超越质量要求的产品。

供应商质量管理核心任务包括新供应商的导入、新产品（零部件）实现、批量生产绩效管理三个环节（如下图所示）。

供应商质量管理核心任务

关于新供应商导入环节的质量管理，将在第 4 章及第 5 章中进行阐述；关于新产品（零部件）实现过程供应商的质量管理，将在第 6 章中进行阐述；关于批量生产阶段供应商绩效管理，将在第 8 章中进行具体分析。

供应商质量管理在质量管理框架中的作用

SQM 供应商质量管理是质量管理中非常重要的一环。对于很多制造业企业来讲，原材料成本占销售成本的 50% 以上。在某些零部件生产行业，这个占比可能会达到 60%，甚至更高。原材料质量将直接影响公司的整体成本，且供应商质量管理水平的高低，将在很大程度上影响整个公司的质量管理水平，影响企业的竞争力，当然也会影响供应商自身的竞争力。

如何识别企业自身的供应商管理水平呢？我们沿用质量管理 4.0 的理论，分析自身供应商管理系统，定位企业处于质量管理的阶段，为供应商质量管理奠定提升路径图。

1. 供应商质量管理 1.0，典型特点"无"

无专职的供应商质量管理人员，在供应商导入时往往以采购、价格主导，质量系统流于形式或者缺失；产品开发过程管理基本是"零"；供应商的质量保证全靠来料质量控制（IQC），每天只能祈祷供应商不要犯错；对不良来料的处理简单粗暴，没有形成原因分析及改善机制，周而复始，一直走不出恶性循环的圈儿。

一言以蔽之，处于这个阶段的企业，因为没有专职的供应商质量管理人员，所以在供应商导入的过程中，没有选择好有能力的供应商；因为没有专职的供应商质量管理人员，所以在供应商零部件开发过程中不能消除潜在的质量风险；因为没有专职的供应商质量管理人员，因此在供应商零部件产生投诉以后不能有效跟踪和改善验证的结果；因为没有专门的供应商质量管理人员，所以客户投诉一旦与原材料有关便不能及时地从供应商处得到改善的措施，从而引起客户的不满。

2. 供应商质量管理 2.0，典型特点"查"

处于供应商质量管理 2.0 阶段的企业，已经开始设置专职的 SQE(Supplier Quality Engineer，供应商质量工程师)。SQE 在供应商导入、零部件开发、量产管理中开始抛头露面，但其主要的手段是以 Audit（审核）为主。SQE 每次到供应商处都会指出这不行，那不行，在要求供应商提交的各种文件中，也能挑出很多毛病，至于具体什么样的才能行，就不得而知了。虽然供应商的绩效也能给予反馈，但是怎样才能改好，还是无从下手。若用一个字概括这个阶段企业供应商质量管理的特点就是"审"，处于乙方的供应商通常是口服心不服。

3. 供应商质量管理 3.0，典型特点"改"

处于供应商质量管理 3.0 阶段的企业，其 SQE 除了要完成上述各种审核以外，其核心的任务是能帮助供应商找出到底是哪里不行，甚至能够通过 DOE、CAPA、FMEA 等质量工具帮助供应商找出可行的解决方案，但是仍停留在事后改善层面，也就是当供应商绩效出现问题时才会出击去解决。以"改"字为主要特征的供应商质量管理已经开始凭借自己的专业性受到供应商的欢迎了。

4. 供应商质量管理 4.0，典型特点"导"

处于供应商质量管理 4.0 阶段的企业已经将供应商质量工程师 SQE 按工作内容拆分为 SDE（Supplier Development Engineer，供应商发展工程师）和 SQAE（Supplier Quality

Assurance Engineer，供应商质量保证工程师）。其中，SDE 负责供应商导入和供应商零部件的实现两个核心任务，SQAE 则负责供应商量产供货绩效的管控。分工的细化，使得 SDE 能从日常纷杂的救火当中脱离出来，全身心地专注于前期的策划工作，在供应商犯错之前，就通过辅导供应商在策划过程中贯彻落实"一次做对"，从最大程度上减少量产以后质量问题的产生。即便是有漏网之鱼，量产过程中，SQAE 的及时跟进也会保证对供应商质量问题的改善得以及时落实。供应商质量管理在质量管理中的作用如下图所示。

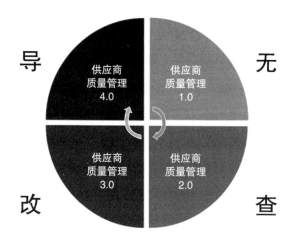

供应商管理在质量管理中的作用

在不同的发展阶段，供应商质量管理对公司质量的贡献也不一样。发展阶段越高，供应商质量管理对公司整体的质量管理的贡献也就越大。供应商质量管理 4.0 阶段，尤其是专注于供应商前期开发质量管控的 SDE 的出现，将会在提升供应商质量保障能力的同时为企业整体质量水平的提升打好有效基础。

供应商质量管理与内部质量管理的互动

正如本章第 1 节里所讲到的，一个完整的质量管理组织会包含客户质量管理（CQA）、设计质量管理（DQA）、制造质量管理（MQA）及供应商质量管理（SQA，相当于 SQM）四个组成部分。那么 SQM 是如何与其他三个质量管理职能（CQA、DQA、MQA，如下图所示）配合实现无缝对接的呢？SQM 是公司面对供应商的质量管理的窗口。设计质量、制造质量和客户质量管理遇到与供应商相关的问题的时候都会由 SQM 直接参与或组织沟通交流。

1. 支持新项目开发（ESI 供应商早期介入）

当公司出现新项目的时候，质量部门会和市场部门一起收集客户的声音（Voice of Customer，VOC），设计部门会根据来自市场和 VOC 的输入设计相关的产品并开发相关的零部件。很多情况下公司的设计人员对产品本身很熟悉，但对于所设计的零部件的可制造性、成本等却不是很清楚，这个时候就需要采购及供应商质量管理 SQA 作为窗口，架起产品设计与供应商之间的桥梁。SQA 与设计部门（通常表现在 DFMA 或 DTC）在新项目阶段的合作，将大大降低新品的开发周期及销售成本，增加产品的竞争力。

2. 新供应商导入

在新供应商导入的时候，通常会组成以 SQM 为主导的跨部门审核评估小组，设计部门、采购部门，有时候制造部也会参与，全面识别潜在供应商的质量管理系统、技术风险等，"选对"供应商，为供应商持续交付合格的产品奠定基础。

3. 新零部件的开发

供应商零件的开发过程中，SQM 会主导供应商的 APQP（产品质量先期策划）。在供应商确认产品技术规范，建立 FMEA（潜在失效模式及后果分析）的过程中，通常会需要客户 DFMEA（产品设计失效模式及后果分析）、PFMEA（过程失效模式及后果分析），这两项输入分别需要设计质量（DQM）及制造质量（MQM）的支持。

在零件到厂进行小批量生产验证的过程中，零件在使用时的表现（在满足图纸的情况下是否会影响加工、装配等）也需要 MQM 及时反馈与跟进。

4. 量产零部件的质量管控及客户投诉

生产过程中一旦出现质量问题，MQM 就会进行确认分析。如果确认与零部件相关，则 SQM 需要及时介入。一旦出现在零部件满足要求的情况下，仍然不能使用的问题，则需要 MQM 通知 DQM 的人及时参与进来共同研究解决方案。

一旦有质量问题的产品流到客户处，首先应由客户质量管理（CQM）与客户沟通并确认时效，通过 5W1H 描述清楚问题，分析根本原因，明确是制造问题、物料问题或设计问题，根据实际情况成立跨部门小组制定行动方案。

SQM 与 CQM、DQM、MQM 一样，都是质量管理当中不可或缺的重要组成部分。只有在这几个职能无缝衔接时，才能使企业质量管理组织平稳高效运转。

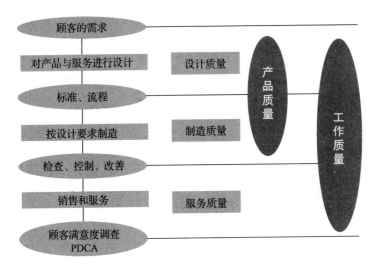

工作质量管理体系

第 4 节　学以致用

学

请用自己的语言描述本章的要点。

思

描述自己企业的相关经验与本章带来的启发。

用

我准备如何应用？我希望看到的成果是什么？

第 4 章

供应商开发流程

在进行供应商管理时,选好供应商比管好供应商更重要。供应商的选择出问题,可以说一步错,步步错。正所谓:男怕入错行,女怕嫁错郎,企业最怕选错供应商。那么供应商的选择原则又是什么呢?供应商的选择源于品类采购策略,服务于企业经营及战略需求,在某种程度上匹配比能力更重要。本章将要为大家呈现的就是选好供应商的技术。

第 1 节 供应商开发流程简述

经典供应商管理三部曲概述

供应商管理一般分为供应商开发(准入与评估)、产品(零部件)导入与监控、(量产)绩效考核与管理三部分。供应商管理与公司人力资源管理有异曲同工之妙(如下图所示):供应商准入与评估相当于从发布招聘需求到面试发录用信的"选"的过程;产品(零部件)的导入与监控相当于员工入职以后试用期的"培"的过程;而(量产)绩效管理则与人员管理的"育""留"极其相似。

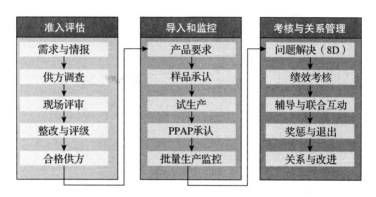

经典供应商管理三部曲

经典的三段式管理从需求产生开始,生成明确的寻源计划(P),进而搜寻并导入供应商,经送样和小批试制后批量供应(D),样品阶段及批量供货的绩效(C)经由改善项目(A)进行持续改进,最终反馈至品类采购策略以触发新的需求,形成 PDCA 的闭环控制。

从需求产生到 AVL(Approved Vendor List,批准供应商库)的建立,环环相扣,滴水不漏。

供应商开发的准入评估流程

如下图所示,供应商的开发过程包括确认寻源需求、明确选择要求、制定寻源计划、搜寻供应资源、组织现场审核、导入供应商清单、签订合作合同等步骤。

供应商寻源及准入流程　　　　　　　　　　　　　　　　　　　　　　　　XXXX 公司LOGO

流程图	行动详细描述		责任矩阵 R: 负责, A: 批准, S: 支持, I: 通知, C: 咨询						适用文件
	输入	具体活动详细描述	采购工程师	供应链总监	质量总监	供应商质量工程师	成本分析师	集团采购工程师	物料计划	
寻源需求 → 明确要求 制定寻源计划		● 根据品类采购策略，制定新供应商寻源需求，通常包括但不限于新（产品）项目需求，降本项目需求，供应商风险管控的需求等。（启动下一步行动之前需确认现有供应商不能满足需求）	R	A	I	I	I	I	S	
		采购工程师，供应商质量工程师，物料计划以及其他相关人员，设定要求及目标供应商的选择标准： ● 需要背景介绍； ● 该类别零件需求情况主要要求、工艺、设备、检测能力等； ● 零件主要技术要求； ● 目标供应商的整体情况； ● 计划寻源的潜在供应商渠道和数量（主要竞争对手的数量）； ● 供应商寻源和发展的时间计划	R		I	S	S	S	S	供应商寻源计划汇报模板
寻源计划的汇报及审批 ◇ 未批准		如果是新项目产生的需求，可以由项目协调员统一汇报审批；寻源计划至少要得到供应链发展经理的批准。	R	I				I		
批准 ↓ 开始寻找供应商		● 我们在国内市场做调查的常用渠道包括但不限于： -资料库渠道，所有的资料库都保存在物料部门的公共区域 -行业信息渠道 　- 行业协会，如机械协会等； 　- 行业杂志，如机械配件杂志等； 　- 行业研讨会，加热处理知识讲座等； 　- 行业培训，如偶尔会技术培训等。 -网络渠道，在搜索时注意关键词的设定； -展会渠道：请查看展会清单； -其他渠道：它取决于事件所掌握的信息。 ● 通过各个渠道搜寻到的潜在供应商的数量必须满足寻源计划设定的目标。 ● 至少要包括主要竞争对手的相应供应商的以及相动的行业动态。 ● 整个寻源过程及资料整理包括存放在供应商关系管理平台	R							

供应商开发流程

流程	说明	R	A	S	S	S	I	输出
潜在供应商是否有合作前景 (是/否)	• 通过部门公共区域等查看历史上曾联系过的供应商的信息。 • 与供应商沟通来判断供应商是否有合作前景。 • 采购工程师将供应商的信息以及对该供应商进行评价的信息填入供应商资源清单	R						供应商资源清单
完成供应商信息登录并签订保密协议 (是/否)	• 采购工程师获取详细信息，包括保密协议、供应商营业执照、供应商简介等； • 要求供应商在供应商信息平台登录信息，信息填写完整后打印盖章、归档	R						保密协议
确定是否要继续 (是/否)								
发送样品或图纸给供应商以便报价	• 采购工程师将样品或图纸发给供应商，注意图纸不能通过电子邮件发送，可以使用LINK等； • 报价单必须有相应的签字盖章	R			C			
价格及可行性评估是否合理？ (是/否)	• 采购工程师确认价格是否合理，如果不合理且有合作前景，则安排首次访问； • 可行性分析； • 价格的合理性评估	R		S	S	S		
首次访问 (成功/失败)	• 采购工程师对供应商进行首次访问，根据批准的寻源计划来访问足够数量的供应商，并完成供应商访问报告； • 两个工作日内完成首次访问报告并发出； • 和供应商沟通并确认报告是否可以符合各合有害物质要求	R		I	I	S	S	首次访问报告
制定供应商情况对比及建议	对搜集到的主要信息整理到团队审核的市场调查对比表中并给出建议。并对高发展潜力供应商进行打分。 -包括建议团队审核的供应商的数量； -团队审核供应商的优先顺序； -供应商比较打分表	R	A	I	I	I	I	市场调查对比表； 供应商比较打分表
团队审核计划的审批 (未批准/批准)	• 市场调查计划的满足情况； • 市场调查结果及对比表； • 下一步建议，团队审核的供应商等	R	A			I	I	市场调查结果及建议汇报模板； 团队审核报告

流程步骤	说明	输出	R	A	C	C	I	备注
财务状况调查	• 对供应商财务状况进行调查； • 结合调查结果以及供应商其他情况进行综合考虑		R		C			
团队审核（成功/失败）	对潜在供应商合作中有合作可能的供应商安排第二次访问，根据市场调查结果及建议访问1-3家供应商，包括采购工程师、供应商质量工程师、物料计划员及其他相关人员。访问结束后由物料计划员完成物流体系审核打分表，由供应质量工程师完成质量管理体系审核及质量审核报告，质量管理体系审核活动的流程及要求，以及由采购工程师汇总发出团队审核体系审核访问报告	团队审核报告	R	A	S	C	I	物流体系审核表、质量管理体系及审核活动流程及要求、质量管理体系和审核报告、团队审核报告模板
供应商放行建议	当审核满足以下条件时： - 管理体系审核结果至少为B级（≥85分） - 物流系统审核分数均为C（≥70分）供应商可以直接放行 如果供应商审核结果不能满足以上条件，经团队讨论决定是否可后续放行考虑要重新选择新供应商；依据讨论结果可以考虑放行样品采购，并在后续流程中根据整改完成情况，以及由各职能成员决定是否进行复审，依据复审结果以及项目需求等综合考虑是否决定放行量产采购		R	A	S	S	S	
供应商放行	填写供应商放行审批表，将供应商打分表（或对比表）作为附件，签字后交由采购部门助理存档		R	A	S	S	I	供应商放行审批表
维护供应商主数据和Portal文件夹	采购工程师将中英文的供应商名称、地址、贸易方式、付款条件、联系窗口的电话/传真/邮件信息、发给集团的采购工程师，以便建立供应商代码，维护供应商主数据。		R	A		S	S	
主要框架合同的签订及归档	采购协议： • 不含有害物质声明信； - 发送给环境源管理部门上传SAP系统 • 所有合同原件及电子版归档 • 变更管理通知信		R				S	不含有害物质声明信； 采购协议； 供应商变更管理通知信

供应商开发流程（续）

上图中所示的流程完整而详细地描述了新供方的导入的方法步骤、任务描述、责任分配等内容。在此列出以供大家参考。

供应商开发的关键控制点

1. 确认寻源需求

供应商导入需求一般来源于以下 5 个方面。

（1）**未来新项目的需求**：因公司的业务发展，根据公司的战略规划，现有的供应商无法满足未来产品的需求，就会产生新的需求，要求做新的供应商开发。譬如，公司战略规划从过往的机械控制领域向自动化控制领域发展，那么供应资源也需要在原来注塑、橡胶、机械加工等领域的基础上扩展到电子零部件（如PCBA、电机等）领域。在这种情况下，导入 PCBA、电机等供应商就是因新项目而产生的需求。

（2）**技术能力升级的要求**：从技术能力这个维度，供应商一般可分为三类，具体如下。

- **一般制造型供应商**，此类供应商多为按图加工，你提供什么样的图纸，供应商就制作什么样的产品，供应商一般不具备研发和技术创新等能力，只是按图加工。
- **联合开发型供应商**，此类供应商技术能力强，在某些特定的领域比采购方更为专业，为了发挥供应商的潜能及技术特点，采购方往往会邀请此类供应商参与产品的早期设计和优化。
- **功能型供应商**，这类供应商对客户提供的产品是个"黑盒子"。比如，汽车行业的 ABS 供应商，客户关注的重点不在产品的设计和材质上，而在产品的功能是否能满足安全、舒适、方便等方面。

供应商按技术能力维度的分类如下图所示。

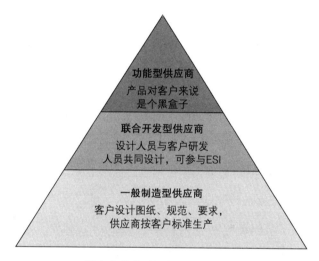

供应商分类（按技术能力维度）

为了在市场竞争中立于不败之地，除了在技术研发上不断投资以外，充分利用供应商在特定领域的专长，以便加快项目研发的速度，缩短上市开发周期等已成为企业的刚性需求，这时，供应商对于新项目的研发技术就成为关键要求。

（3）**成本发展策略（一般是降本）的需求**：基于成本策略考虑，要导入新的供应商有如下几种可能性。

- 为了在某一特定领域与友商（竞争对手）竞争，而采取的超低价策略。我（邢庆峰）在前几年就曾遇到过为了打败竞争对手而必须将采购成本降低50%以上的案例。为了满足这一战略需求（传统降本基本上无法实现），就需要在降低设计要求的同时，在低端供应市场寻找满足总成本需求的供应商并通过供应商辅导项目来控制风险。

- 在某些行业，客户会要求供应商连续实施年度降本（实际上是只关注降价），在执行了多年以后，供应商已无力继续降价，而产品又无退市计划，采购为了满足自己的降本KPI，进而转向看上去出价更低的供应商。
- 针对杠杆性物资，为了充分利用供应市场的竞争，增加与供方谈判的筹码，也会产生新供方导入的需求。

（4）**风险管控的需求**：在年度供应商绩效考评及风险评估中，基于现有供应商的过往表现及财务风险、供应风险、质量风险、成本风险等所有 BI（Business Interruption，业务中断）风险的考虑而衍生出新供方导入的需求。

（5）**其他需求**：如基于政治因素而产生的需求等。

2. 明确选择要求

供应商寻源（新供方导入）标准，取决于企业品类采购策略，关于品类管理策略的相关内容已在第2章中详细介绍了，在此不做赘述。

品类采购策略是指为满足企业现在及未来的需求，尤其是未来的需求，针对一组能够满足业务目标的，有着相似供应市场和使用特性的产品或服务（如下图所示）制定的策略，是企业战略采购的重要工作内容之一。

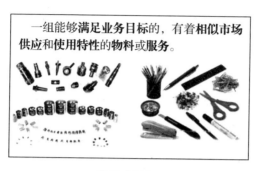

物料或服务

下图所示的是某集团轴承品类的采购策略,其中就明确提出要针对子品类2(滚针轴承)导入低成本供应商的策略。

某集团轴承品类采购策略

在明确选择要求后,就需要制定潜在供应商的画像。一般情况下,对供应商的具体要求如下。

- **生产制造能力**:是否有相同或类似或更高难度的产品生产制造经验。
- **质量保证能力**:通过ISO 9001认证、在客户处有较好PPM表现。

- **新产品/部件开发能力**：是否有专业的研发及项目管理团队。
- **交付能力**：是否有合适的设备、人员及产能保证后续供货。
- **合作意愿度**：供应商的选择、企业的规模、发展战略是否匹配，匹配比能力更重要。再好的厂商如果其没有意愿与我们合作，那也是别人的供应商。
- **成本管控能力**，成本是否有优势（如比现有供方出价低15%）、是否有清晰的改善方案等。
- **其他方面**。

在列出明确的要求以后，需要为每一项制定可以执行的标准，并根据重点的不同赋予相应的权重，以便在后续评估中有据可依。

3. 制定寻源计划

成功导入新供应商可以有效提升公司的竞争力。供应商开发寻源就是一个项目，为了保证项目有效执行，需要制定详细的计划并得到批准。而寻源计划的制定，需要充分考虑各方需求及可用资源。如公司开发的某一个新产品用到某一个从未采购过的品类的零部件，现有供应商资源不能满足需求，则为了保证新产品的顺利上市，需要根据产品上市时间倒推寻源及供应商开发的计划，并严格执行。

4. 实施供应寻源

供应商的寻源，途径多种多样：行业协会、专业展会、企业网站、同行推荐、竞争对手分析等。对于不同类型的需求，所采用的寻源策略也应进行相应调整，以便更快地找到相应的供应商资源。

对于为增加谈判筹码而产生的杠杆性物资及日常物资的寻源，可以通过同行推荐的方式快速找到潜在供应商。

对于专业性很强的物资供应商的选择，最好是通过对标行业标杆的形式进行找寻。如空调行业对标格力，高端汽车对标宝马、奔驰，中端品牌对标大众、通用，等等。

上述情报分析过后，就需要与潜在的供应商沟通。供应商调查表是反映供应商合作意愿的晴雨表之一。如果供应商对调查表的内容敷衍了事，那么后续配合可能会很成问题。

为了提高效率，采购工程师会让供应商签署 NDA（Non-Disclosure Agreement，保密协议）和 CoC（Code of Conduct，供应商行为准则），然后将潜在合作产品的图纸等技术规范发给供应商以便确认可行性并报价。

根据寻报价及供应商调查表中信息的评估，采购工程师将会有选择性地拜访部分供应商。首次访问将筛选出 1~3 家优胜者，并推荐给跨部门小组安排后续现场审核。

5. 组织现场审核

现场审核是供应商导入过程中的重头戏。如何组建由采购、SQE、物料计划甚至财务、生产等职能组成的跨部门小组，充分利用团队优势，有效识别风险，是一项艰巨而富有艺术性的工作。关于这部分内容将在第 5 章中进行详细阐述。

6. 导入（合格）供方清单 AVL

如果供应商通过现场审核，则记入潜在合格供方清单。如果在品类管理策略中定义了 1+1+1 的策略（1 家主供、1 家辅供，后面的小 1 是 1 家备选），那么建议此供应商位次是备选的"小 1"。

供应商导入之后，在样品导入及后续量产阶段要特别关注现场审核阶段风险评估报告中提及的内容，并采取有效措施，防患于未然，以免让担心变成现实。

7. 签订合作合同

合同是风险管控的重要手段。

在导入合格供方清单以后，供需双方需要签订一系列的合同。这些合同通常包括：采购框架协议、供应商绩效目标协议、模具租赁合同等。在这个过程中，很多企业都会忽略目标协议的签订，认为这是后续量产供货以后的事情。殊不知这样的做法为后续的合作埋下的隐患需要付出很多的努力才能挽回。只有在合作伊始就把"丑话说在前头"，才能真正树立供应商对于绩效考核的敬畏之心。

好的开始是成功的一半，积极有效地选好供应商，将会为后续的工作带来事半功倍的效果。

第 2 节　供应商开发过程中的常见问题及对策

供应商开发是一项系统性的、前瞻性的工作，是采购战略落地实施的必经之路。然而这并非一条平坦之路。那么这一路到底暗藏了哪些玄机呢？我们又应该如何避坑绕雷，不重蹈前车覆辙呢？

总体来说，供应商开发过程中的问题可概括为需求不明确、要求不明了、寻源不充分、责任不清晰、风控不奏效、开发不及时等五个大类。

接下来就来针对这些常见的问题及相关对策进行分析。

需求不确定

1. 问题描述

当需求不确定时，到底要不要开发供应商？

如前文所述，供应商开发的需求应该源自品类采购策略。然而有些企业，尤其是处于1.0及2.0阶段（参照采购4.0）的中小型企业，并没有战略采购管理的职能，也没有明晰的品类采购策略。供应商开发的需求，相应的也具有短期、被动、不确定的特点，因为着眼点为短期，所以中长期没有规划；因为没有规划，所以中长期会更被动；因为被动，所以会更加不确定，如此周而复始，恶性循环，就会出现被动救火的情况。

第二种情况是企业虽有品类采购策略，但是策略中只有导入新供方，而没有明确时间要求。

2. 解决对策

（1）从长远来看，需要升级采购管理，将品类采购策略纳入采购管理范畴。

（2）从短期来看，在接到供应商开发的需求之后，召集质量、研发及管理层人员澄清：开发新的供应商到底要解决什么问题？是否可以通过优化现有的供应链来解决这个问题？开发了新的供应商就一定能解决这个问题吗？

（3）针对有策略但未定义时间的情况，需求应该不是很紧急，放一放或许局面就会改变了。对于可有可无，可做可不做的事情，不做！

综上所述，无论是针对哪一种情况，在开始下一步动作之前，一定要澄清到底在什么时间引入一家什么样的供应商来解决什么样的问题。

要求不明了

1. 问题描述

有了确定的需求，却未能转化成可执行的要求（标准），这会为后续的工作带来诸多困惑。到底选择中小民企，还是选择跨国巨头？是选择成本领先型的还是技术领先型的？是质量、交期、成本同等重要还是要先重点解决质量？这就像大龄青年确定要找对象（需求已确定），却说不出要找一个什么样的来（要求不明确），别人是很难帮上忙的。

2. 解决对策

要解决这个问题，还得回到品类采购策略。品类采购策略中会根据该品类的风险及所占金额的大小，将物料分为战略、瓶颈、杠杆、日常四大类。而针对这四类物料的战略及对应供应商的要求自然也是不同的。

要明确供应商选择的要求，采购工程师在接到供应商开发的需求之后，需要组织质量、研发、物料计划等兄弟部门确定相关标准，并赋予相应的权重。

下图为某企业在制定PCBA供应商要求时，对商务要求、技术能力、质量管理及成本控制四个方面权重的设置。由下图可见，质量管理水平在综合评估中所占的权重为42%，商务要求次之占33%，技术能力再次之，成本管控最次仅占8%。这是一个有着明显倾向性的设置。

PCB-A 供应商选择标准

		商务要求	技术能力	质量管理	成本控制	单项得分	单项得分%
1	商务要求		2	0	2	4	33%
2	技术能力	0		1	1	2	17%
4	质量管理	2	1		2	5	42%
5	成本控制	0	1	0		1	8%

行比列
- 不重要 ⇒ 0
- 同等重要 ⇒ 1
- 更重要 ⇒ 2 …

PCBA供应商选择时权重设置

对于最重要的质量管理方面，又进行了更加细化的标准及权重的设定，从而使要求更加明了。

PCB-A 供应商选择标准 / 行比列 -不重要⇒0	生产过程控制	DFM 面向制造的设计	物料存储环境及管控	产品追溯性	钢网夹具管理	客户投诉处理	生产区域防静电ESD	客户PPM表现	新品开发及项目管理	IATF16949 质量管理体系	得分	得分百分比%
1 生产过程控制		2	1	1	2	1	1	0	2	2	12	13%
2 DFM 面向制造的设计	0		0	0	0	1	0	2	2	1	6	7%
3 产品追溯性	1	2		1	1	2	1	2	1	2	13	15%
4 物料存储环境及管控	1	2	1		1	2	0	1	2	2	12	13%
5 钢网夹具管理	0	2	1	1		1	1	2	2	2	12	13%
6 客户投诉处理	1	1	0	0	1		0	1	0	0	4	4%
8 生产区域防静电ESD	1	2	1	1	2	1		2	2	0	12	13%
9 客户PPM 表现	2	0	1	1	0	1	1		2	2	9	10%
10 新品开发及项目管理	0	0	1	0	2	0	0	0		2	5	6%
11 IATF16949 质量管理体系	0	1	0	0	0	2	1	0	0		4	4%
											89	100%

质量管理细化标准及权重设置

对于其他方面的要求,也可以如法炮制,从而使标准详尽、明确、可执行。

寻源不充分

1. 问题描述

某空调制造公司 X 的采购工程师小王在请领导批准供应商放行标的时候经常被问及:行业前五分别是谁啊?竞争对手在用哪家供应商啊?还有没有质量更好成本更低的?面对这些问题,尤其是竞争对手 Y 公司在用哪家供应商的时候经常是丈二和尚摸不到头脑,没有对标的信息,很难让领导满意。

2. 解决对策

1)灵活应变巧开源

要拿到标杆企业(竞争对手)的供应商的信息,又不能违背商业道德，小王可谓是绞尽脑汁。苦思冥想以后，他做了一个大胆的决定：小王请了三天假，跑到竞争对手 Y 公司所在的城市，在 Y 公司送货车入门几百米的地方，看到从 Y 公司出来的送货车就招手：我是 X 公司的采购小王，这是我的名片，请你们公司的销售跟我联系。就这样小王很快就收集到了竞争对手 Y 公司主要供应商的信息。

故事到此并未结束，在收到 Y 公司供应商打来的电话的时候，小王总会追问如下几个问题。

（1）你们公司在行业里排名第几啊？（供应商一般回答是第一，因为排名可以从不同的维度展开。）

（2）第二到第十位的分别是谁啊？（一般供应商都会抬高自己，弱化对手，所以比较乐意介绍。）

放下电话以后，小王又找来刚才介绍的排在第二位的供应商的信息，重复刚才的两个问题。几轮过后，小王已经变成这个行业的"伪专家"了。再面对领导的提问，自然可以轻松应对。寻源是否充分的问题，也就不攻自破了。

2）充分利用供应商调查表

精心设计过的供应商调查表中一般会请供应商列出其主要客户（如下表中的 1.8 条），尤其是与采购方同行业的客户。而供应商为了显示其在客户所在领域的专业性，也非常乐意将他们所服务的我方的竞争对手列举明白。

供应商调查表示例

供应商调查问卷 （基本信息）

填表日期：_____ 填表人：_____
供应商名称：_____
地址：_____
电话：_____ 传真：_____
电子邮件：_____ 网址：_____
厂长（总经理）：_____ 业务联系人：_____

1. 基本情况

1.1 公司成立时间_____注册资本_____公司性质_____股东（合伙人）情况（如有）

1.2 工厂占地_____m², 建筑面积_____m², 厂房自有、租赁（选择）

1.3 员工总数_____人，其中直接生产工人_____人，各类专业技术人员人，高级职称_____人，中级职称_____人，初级职称_____人

1.4 工厂（公司）组织架构图如下（或附件）：
_____

1.5 正常工作_____天/周，生产班次_____，各班时间_____，办公时间_____

1.6 主要产品 产量（前年）产量（去年）产量（今年）平均出口比例（%）
_____
_____
_____
_____

1.7 工厂设计产量：现有产量_____

1.8 主要客户 主要产品 年供应量 所占比例（%） 客户证明人 联系方法
1. _____
2. _____
3. _____
4. _____
5. _____
6. _____
7. _____

1.9 主要供应商 供应产品（零部件） 年供应量 供应发货周期（天）
_____
_____
_____
_____

责任不清晰

1. 问题描述

有些时候,在供应商开发过程中,尤其是出了问题需要分析责任的时候,会出现责任不清晰,甚至是有权力无责任的现象。出了问题,生产会问采购是如何导入供应商的。而采购会说,供应商审核的时候是研发技术和质量部门共同参与的。

2. 解决对策

(1)有权无责的现象究其根本是在供应商开发的流程中,对于权责描述得不够具体或责任矩阵设定得不够明确。要想解决该问题:如果没有流程,则需要建立可执行的流程;如果有流程,但规定得不够详细,则需重新梳理供应商开发的流程,让大家有据可依。

(2)若流程中未明确定义,为了尽快解决问题,一般由采购工程师牵头解决。

风控不奏效

1. 问题描述

在供应商的前期评估及现场审核中,有审核结果,但没有形成明确的风险应对策略;有的是虽然有对策,但未进行跟踪落实,识别出的风险还是影响到了业务的开展。

2. 解决对策

(1)对于有团队审核,但没有形成风险评估报告的情况,需要明确质量风险、供应风险、财务风险、服务风险等问题。例如，供应商评估报告，如下面的案例说是将风险等级作为供应商放行的必要条件，实现防错，并且在现场审核的过程中要重点关注风险内容。

（2）如果在放行过程中已经识别出风险，短时间内无法消除，而基于某些原因又不得不导入这家供应商，那么在放行的时候就要制定明确的措施及责任人进行跟踪验证，必要时甚至要制定替代方案，直到风险可控为止。

（3）如果存在风险但在可控范围之内，则需要将这项内容转入例行供应商风险评估及管控进行跟踪。

（4）放行后立即将新供方风险纳入整体供应商风险管控。

进度不受控

1. 问题描述

进度不受控的直接结果便是新供方不能及时导入，从而影响战略（新产品上市）推进，或者降本目标不能实现。

除了资源有限以外，该项任务的优先级及负责开发人员的专业度会起到重要的影响作用。

2. 解决对策

（1）对于开发进度需求不明确的，需要澄清后再进行开发。若等开发到一半的时候再改变需求，则为时已晚。

（2）开发时明确时间节点，采购工程师需要与利益相关方一起制定可行的寻源计划，并以项目的形式进行专案管理。下图所示为用输出倒逼输入来保证开发进度可控。

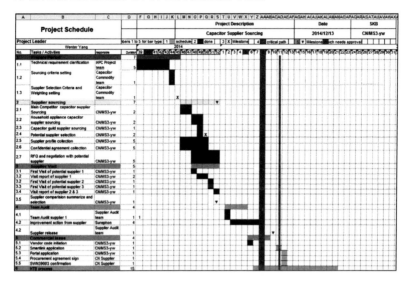

开发进度表图示

第 3 节　学以致用

 学

请用自己的语言描述本章的要点。

思

描述自己企业的相关经验与本章带来的启发。

 用

我准备如何应用？我希望看到的成果是什么？

第 5 章

供应商评估与现场审核

第 1 节　供应商评估与现场审核问题分析

如何根据企业产品的要求进行有效的供应商审核而不流于形式？现在，越来越多的企业供应商审核流于形式：一群人浩浩荡荡来到供应商处，呼啸而来，拿着表格打分，吃完饭呼啸而去，鸡蛋里挑几根骨头，要求供应商整改之后就准入合格供应商名录了，结果后期一堆问题。组织供应商评估与现场审核，需要大量成本支出，经过供应商评估，在后期合作时供应商就应该没有或只有很少的问题，所以，如果后期供应商存在一堆问题，我们要做的不是追查供应商的责任，而是追查供应商评估组的责任，这些显而易见的风险为什么没有发现？是能力不行、缺乏责任心还是标准有问题？对绩效最差的供应商，我们还要追溯这家供应商当年是怎么准入的，谁做的评估，做现场审核的人差旅费应该自己负责。如果没有建立供应商审核问责机制，那么去供应商现场审核就会变成工业旅游项目，好的地方都想去，差的地方就安排新人。你所在企业的供应商现场审核，像工业旅游项目吗？

现场审核的目的是什么

我们做供应商评估与现场审核，需要跨部门组成团队，去供应商所在地的差旅支出、时间，以及供应商接待等环节，企业都付出了不小的成本，所以我们还得研究一下，进行供应商评估与现场审核，根本目的是什么？现场审核是否起到了应有的作用？

首先，如果审核是为了得到供应商的基本信息，那么可以通过供应商调查问卷来获得；如果是为了验证供方填写的信息是否真实，那么不需要这么多人去现场。我们之所以重视供应商评估与现场审核环节，是因为我们认可供应商选好比管好更重要，而供应商评估与现场审核是选择供应商最重要的环节。对供应商准入企业一定要慎重，这就有些像某未婚女青年选择人生伴侣一样，因为结婚后离婚会很受伤，所以需要一个很严谨的评估，先要对对方家庭背景、个人情况做侧面了解与资料收集，如果觉得有比较大的成功概率，就会安排一个面试的环节，即相亲。供应商的现场审核有点像相亲，相亲最大的价值在于评估如果结婚，可能发生的最大的风险会是什么，风险发生之后是否可以接受或可控。我们做了300多家供应商现场审核，总结出供应商现场审核的5大目标，具体如下。

（1）向供应商传递组织的关注焦点。

（2）考察供应商长处（可用资源/可借鉴的管理方法）。

（3）评估供应商风险与短板。

（4）输出风险评估报告。

（5）明确后续管理措施。

哪类供应商需要现场审核

根据供应商审核的 5 大目标，我们可以发现并不是所有的供应商都要做现场审核。首先，瓶颈类供应商没有必要做。瓶颈类供应商由于市场原因，具有稀缺性和地位超然性，如果整个行业都离不开这个供应商，那么即使有风险，你也得采用。也就是说，如果审核发现问题，供应商不改也换不掉，那么这类供应商做现场评估就失去了意义。所以这么多年以来，我们很少对国家电网、中石化这类供应商做审核。日常类供应商，其产品风险度很低，与这类供应商之间仅是简单的买卖关系，对其做个简单的评估就可以了，没有必要做现场审核。真正要去现场审核的，只有战略类和杠杆类供应商，并且从风险的角度考虑，应从战略类供应商逐步向杠杆类供应商推行。

谁去做审核

为什么相亲的时候，双方经常出动七大姑八大姨一起去看？我想可能是因为七大姑八大姨已经有了丰富的经验，这种经验不是来自于年龄，而是因为她们已经完整地经历了相亲、结婚、婚后的磨合，在磨合过程中经常反思当初选择伴侣的标准是否正确。经过喧嚣繁华，七大姑八大姨们已经放弃了不切实际的幻想，追求实用，只抓核心、关键要素，从而将婚后的风险防控放在首位。所以未婚青年在面对七大姑八大姨拷问时会非常难受，因为她们问的问题直指关键，有没有房子？多大面积？家庭成员如何？以后买房写谁的名字？尽管当事人非常看重对方的颜值，但七大姑八大姨审核组认为颜值在后期生活中价值不大，好看不能当饭吃，而且高颜值也可能意味着高风险。如果你是男方（供应商），家里实力雄厚，但颜值稍低，那么最好走女性的七大姑八大姨审核组路线。如果家里实力一般，但颜值很高，那么建议最好是劝说相亲对象：你是给自己找伴侣，要相信自己的感觉，别信那群七大姑八大姨（审核员）的。

去供应商处评审，对评审人员是有经验与专业度要求的，不能什么人都去。新人如果缺乏经验与专业度，那么最好先跟随评审团做几期观察员。一家企业为保证供应商评审的工作质量，对评审人员提出了如下素质要求。

（1）学历要求：大专以上。

（2）专业知识要求，以下三点都要必备。

- 熟悉基本的产品构造和产品制造工艺。
- 熟悉质量管理标准。
- 了解企业管理基本知识。

（3）经历要求，以下四点须具备其中之一。

- 从事过产品设计3年以上。

- 从事过产品制造工艺设计或管理 3 年以上。
- 从事过产品质量管理 4 年以上。
- 从事过产品质量检查 4 年以上。

（4）公司可依自身情况增加项目或调整项目（年限要求）。

（5）评审人员的管理：供应商评审部门建立评审人员档案。

供应商评审人员要经过资格认定后方能参与评估。现场审核内容应覆盖调查问卷中的主要内容，并视情况由负有质量、工程、企划及采购等责任的、有企业体系审核及专业经验的人员组成小组，由采购部门牵头进行。

现场质量审核应该审什么

质量审核具有三种模式：体系审核、产品审核、过程审核。

这三类审核在审核对象、审核目的上有一定的区别，具体见下表。

三类审核的对比

审核方式	审核对象	目 的
体系审核	质量管理体系	对基本要求的完整性及有效性进行评定
过程审核	产品诞生过程/批量生产 服务诞生过程/服务的实施	对产品/产品组及其过程的质量能力进行评定 对服务/服务组及其过程的质量能力进行评定
产品审核	产品或服务	对产品或服务的质量特性进行评定

很多企业在供应商审核上容易犯的错误，是将供应商审核做成了体系审核。为什么我们不强调体系审核呢？一是体系审核通

过与产品不出质量问题是弱关联。二是几乎所有的供应商体系审核都过剩，具体表现为供应商每年都会做一次内审，供应商非常重视内审，跨部门交叉，审核严肃，很少做假；供应商定期还会请专业第三方做外审。作为客户，在熟悉情况上不如企业内部人员，在专业度上不如第三方审核机构，如果你再做一次体系审核，只是增加供应商的负担，而没有为双方增值。所以，如果你真的关心供应商的质量体系，那么比较好的方式是直接向供方索要最近一次的内审报告和外审报告，研究一下他们发现的问题点及整改措施就够了。

我们的审核重点应该放在过程审核和产品审核上。所谓过程审核是指对产品诞生过程及批量生产过程的质量能力进行评定，产品审核是对产品的质量特性进行评定。因为在供应商准入评估阶段，还没有生产我们的产品，所以应重点审核供应商的合作风险，供应商做类似产品的过程能力。不同的企业应根据企业与供应链上下游的实际状况做最有效的审核。比如说，福特汽车的Q1认证系统是体系审核的标杆；戴尔对供方的审核重点放在生产产品的过程能力上，是过程审核的标杆；而大众汽车则将重点放在了产品审核上。大众汽车通常在审核前会向供应商提供一份产品关键特性清单，要求供应商先根据清单抽样自检，如果检查合格，那么供应商可书面通知大众的审核员到现场进行审核。大众的审核员到供应商现场后，首先确认供应商的测量系统，因为如果供应商的测量工具是有问题的，那么检查结果也一定是有问题的。如果测量系统没问题，就用供应商的测量工具对随机抽取的样品进行质量复核。大众汽车的这种产品审核比较简单、高效、实用。

供应商审核流程

关于供应商审核,我们见过很多企业缺乏审核整体规划,审核过程被供应商牵着鼻子走。所以整理了一份去供方审核的流程清单,以供大家审核时对照执行。

(1)内部开会确认需求。

(2)供应商寻源+供应商信息调查。

(3)内部评审→审核计划(采购、研发、质量、工程、企划等部门)。

(4)成立审核小组,背景资料培训,联系供方。

(5)首次会议:审核目的、内容、人员、日程安排。

(6)分组审核。

(7)审核小组内部闭门会议,问题点梳理。

(8)末次会议(问题沟通确认、整改计划)。

(9)约定时间,确定整改措施,并确认是否要做二次现场评审。

(10)审核结果评审,输出供应商风险评估报告。

审核的坑

审核过程是企业与供应商斗智斗勇的一个过程,企业希望查出供应商的风险,供应商希望企业看到自己的亮点,别查出任何问题。在审核的交互经验上，供应商因为在每天接受各种类型的客户审核中，积累了丰富的应对经验，所以客户的审核员在审核过程中经常会掉进"坑"里。这里介绍几种供应商常用的"挖坑"套路。

（1）**供应商制造各种意外，阻碍审核人员查看生产环节**。曾出现过某供应商为了应对审核，在客户审核人员到达现场时告知工厂停电。因为审核组就安排了一天的审核行程，陪审人员带着审核人员，以讲述的方式说明正常生产会怎么操作。审核人员没看到人、机、料、法、环的实际运作，只能通过查看供应商的质量记录完成审核，这就给企业留下了风险隐患。**建议在出发前要事先联络供应商，让供应商确认在审核时能正常生产相关或类似产品。**

（2）**用"拖"的方式消耗审核人员的时间**。供应商消耗时间的套路：首次会议先做企业介绍，紧接着安排人员带着审核员参观；参观后快到中午了，将审核员拉到很远的地方吃饭，吃饭能拖多久就拖多久；当开始审核的时候，对方领导询问审核员回程航班，然后以机场离得很远，路上堵车，最好早点儿出发，早点儿开末次会议为由催促审核员尽快结束。**建议审核组制定审核计划，与供方事先沟通各环节的时间安排，而且说明不去外面吃饭。**

（3）**供应商记录造假，补记录**。供应商不诚信，这是最大的坑，也是最大的风险。所以查供应商审核记录是远远不够的。**建议看供应商的实际操作。**

那么有哪些审核技巧可以借你一双慧眼，看清未来与这家供应商合作会有哪些风险呢？

第 2 节　供应商现场审核技巧

为了快速发现供应商的风险，审核供应商时，有 4 个标准动作：问、查、看、记。

（1）**问**：是向供应商提出有力的问题。
（2）**查**：是查证供应商的相关记录。
（3）**看**：是看供应商的实际操作。
（4）**记**：是将相关的证据与发现予以记录。

由于供应商记录容易造假，所以我们的审核最有价值的两个动作是"问"和"看"。但怎么问，怎么看，才能问出风险，看出问题，是需要一些技巧的。

提问的艺术

在供应商质量管理培训课堂上，经常让学员们进行供应商现场审核的模拟演练：一个小组扮演客户，另一个小组扮演供应商，再现他们去供应商现场审核的过程。

审完后，我们会问供应商组："在这个审核过程中，有压力吗？"

供应商组回答："没有什么压力。"

我们再问客户组："这个供应商有风险吗？"

客户组说："没有太大的风险，应该可以用。"

但用专业提问方法再审一遍供应商组时，客户组和供应商组的同学纷纷反映，问对问题太重要了。

在对供应商做审核时,下面这些问题是经常被大家问及的。

第一类问题

- 你们家有什么样的生产设备?
- 你们家有哪些检测设备?
- 你们的客户有哪些?

解析:这类问题在调查表里面已经有了,供应商在填写调查表时非常用心,当他们将调查表发给你们之后,发现你们还问调查表里的问题,说明你们并没有去看调查表,这样的客户是不专业的客户,供应商就会起轻视之心。

第二类问题

- 你们家是如何做质量管理的?
- 你们是如何保证给我们家的货都是合格的?
- 如果我们家的订单和竞争对手的订单发生冲突了,你会优先保证谁?

解析:这类问题属于假大空的问题,表决心的问题,对于这类问题,会干的不一定会说,会说的不一定真干。表决心的问题供应商最容易回答,当然是优先保证你们家(供应商对谁都这样回答)。

第三类问题

- 你们家的仪器是如何校验管理的?
- 你们家的不合格品是如何管理的?
- 你们家的设备是如何管理的?

解析:这类问题属于 ISO 模块化的问题。这类问题对于供应商来说也是最好回答的,只要引到ISO标准体系当中即可。比如我们有一个仪器校验管理程序,我们有一个不合格品处理流程,这是程序与记录。

调查表里已经有的问题、假大空的问题、ISO模块化的问题,我们将其称为**供应商审核的三不问**。那么,供应商审核应该问什么呢?

(1)**以写供应商风险审核报告为目的来提问**。我们进行供应商审核,做完审核不是目的,最后要对供应商的风险做个整体的总结报告,能不能用才是关键。注意,这几年供应商审核最大的问题是给每个项目都打分,但缺乏总评价。

只要当审核员思考下面的这个报告我该怎么填写,要问的问题就找到了方向。下表所示的是供应商质量风险评估报告范本。

供应商质量风险评估报告范本

质量审核报告(风险评估)
供应商质量风险评估 总体评价: 风险评估:

(2)**问"不"**。供应商的产品质量是由"人、机、料、法、环"这5大要素构成的,简称4M1E。现场质量审核的重点,可以围绕"人、机、料、法、环"这条主线,找到关键影响要素。比如,去审核胶囊厂,我们会发现胶囊的产品质量主要会受

"料"的影响，所以审核的重点是去查物料；有一些企业是靠人工组装，这时"人"的稳定性就是关键要素；有的企业依靠自动化设备，主要是靠这些设备来决定产品的质量，所以会重点查"机"；有的企业是靠工艺配方，则重点去查"法"；如果环境对生产质量有较大的影响，那么我们就会去查"环"。

那么，人的"不"如何问？问员工的流失率，抓住2个关键人：一个是供应商的质量经理，一个是生产线的工人。我们会问供方质量经理，工作多长时间了？前任质量经理去哪里了？前任质量经理做了多长时间？如果前任质量经理升任公司高管，我们就会认为这家企业的质量比较乐观。如果他的前任质量经理只做了很短的时间，就被迫离职，现任质量经理接手时间也不长，那么我们就会担心这家企业的质量问题。因为质量经理频繁离职，也就折射了这家企业的质量经理工作不好干。而对操作人员的问话，一般是放在较轻松环境下的闲聊，重点聊工资够不够花，对企业满意不满意。如果员工一提工资、一提企业就一脸苦大仇深的样子，那么人员的流失率就会较高，可以辅以员工的离职记录与离职访谈来验证。人若不稳定，那么产品的质量也就很难保证了。

机器的"不"主要是问设备的非计划性维修。设备非计划性维修表明设备突然出了故障，沿着设备为什么会发生故障，故障前与故障后生产的产品是如何处置的，一直深挖下去，供应商管理方面的很多问题就会浮出水面。

材料的"不"主要是问最近一年来主要物料发现的质量问题有哪些？是如何进行纠正与预防的？

方法的"不"主要是问最近一年发生的返工返修，客户退货有多少是由于方法造成的？

环境的"不"主要是问最近一年发生的返工返修，客户退货有多少是由于环境造成的？

（3）**要追问，连问 5 个为什么**。对每个问题要打破砂锅问到底，连续追问 5 个为什么。因为只有连续问了 5 个为什么，才能突破表层的借口，追查到问题的根本原因。

例如，供应商某关键生产设备数控机床经常发生故障，维修人员通过更换备件解决故障，设备故障大约每个月发生一次，主要原因是主控制板发生故障。以此为例追问 5 个为什么，示例如下。

问：为什么发生故障？

答：线路板烧坏。

问：为什么线路板烧坏？

答：降温不好。

问：为什么降温不好？

答：空气流通不畅。

问：为什么空气流通不畅？

答：数控机床外空气进不去。

问：为什么空气进不去？

答：滤网上结尘。

所以**供应商审核有三问：以写风险评估报告来问，问"不"，以及连续追问 5 个 Why**。

审核技巧撒手锏

如果时间非常紧急，只问一个问题就要发现供应商的风险，那么这应该是一个什么样的问题呢？答案是问客户的抱怨。因为已经发生在其他客户身上的悲惨遭遇，也会有很大概率发生在你身上。但客户的抱怨是供应商最不愿意展示给客户看的，所以必须问得有艺术。

对一家注塑件供应商进行现场审核，不好的提问方式示范如下。

审核员：你们家最近有客户抱怨吗？

供应商：没有。

审核员：不可能没有客户抱怨。

供应商：这个真没有。

我们认为这是由于审核员的问话设计有问题，诱导了供应商不肯正确回答。还是同样的供应商，我们通过下面的方式提问，结果可能就会大不相同了。

审核员：李经理，您好，听您口语不是本地人啊。

李经理：不是，我是山东烟台人。

审核员：烟台是个好地方呀，我有亲戚就住在烟台，我很喜欢烟台的海。

李经理：烟台是全国文明城市，当年秦始皇三次东巡的地方。

审核员：真是个好地方，找机会要再去。李经理，问您一个情况。做质量的人都知道，几乎所有的企业都有客户抱怨，其实我们家每年也会收到很多起抱怨，我们总经理认为有客户抱怨不可怕，利用好客户抱怨的信息可以不断地改进自己的质量管理体系。我想了解一下，咱们公司从 2019 年 1 月到 2019 年 6 月，收到的客户质量抱怨排在前三位的都有哪些？请问排在第 1 位的是……

李经理：色差。

审核员：第 2 位的是……

李经理：翘曲变形。

审核员：第 3 位的是……

李经理：熔接痕。

审核员：这三类缺陷是否占了我们客户抱怨的 80%？

李经理：还得加一个，溢边，也叫飞边、披锋。

审核员：好的，谢谢您，您非常专业。可否把我们的客户抱怨处理记录拿给我看一下？

李经理：好的。

审核员翻阅客户投诉处理记录，主要看这些缺陷重复发生的概率有多高，以及供应商是如何做原因分析和对策预防的。

审核员：李经理，可否带我到注塑车间去看一下。

审核员与李经理一起去了注塑车间，找到了操作员小王。

审核员：王工，您好，问一下您操作这个机台多长时间了？

小王：三年了。

审核员：好的，请问一下，您了解的 1 月到 6 月，收到过的客户抱怨都有哪些？

小王：好像有熔接痕。

审核员：在注塑车间采取了哪些措施？

小王：在线检验员会检验，我们也会看一下。

审核员：还有其他的客户抱怨吗？

小王：那我就不知道了，我干这个时间不太长。

审核员：好的，谢谢您。

审核员与李经理回到会议室，针对色差、翘曲变形、熔接痕、披锋这4个主要缺陷依次询问以下3个关键问题。

- 制造过程：为什么制造过程没有防止缺陷？
- 质量系统：为什么质量系统没有检查出缺陷？
- 策划：为什么策划过程没有预示缺陷？

这3个关键问题还可以细化为更具体的子问题，给大家一个参考提问的列表。

（1）**制造过程：为什么制造过程没有防止缺陷？**

- 应用了防错技术并有相关的防错验证程序吗？
- 设备调整、物料处理、标签设置、操作指导都已经标准化了吗？
- 工模具都定期校正了吗？过程能力验证过吗？
- FMEA和控制计划都定期审核和更新了吗？

引导方向：预防。

主要措施：制造过程标准化＆防错。

（2）**质量系统：为什么质量系统没有检查出缺陷？**

- 应用防错技术并进行定期验证了吗？
- 对不一致原材料的遏制标准化了吗？能保证下一个部件一

定是好的吗？
- 对分拣和返工操作标准化了吗？
- FMEA 和控制计划都定期审核和更新了吗？

引导方向：保护。

主要措施：质量程序 & 检测、遏制。

（3）策划：**为什么策划过程没有预示缺陷？**
- 顾客关注的产品其关键特性识别了吗？
- 产品和过程经过验证了吗？内外部数据都经过审核了吗？
- 所有的潜在失效模式都尽可能在 FMEA 和控制计划中列出了吗？
- 类似产品和过程的 FMEA 都评审过了吗？有 FMEA 及时更新的机制吗？有 RPN 值降低计划吗？

引导方向：预测。

主要措施：PFMEA 和控制计划中信息和内容的有效性。

注意所有问话都必须要具有亲和力，不能让对方产生对抗心理，要考虑如何问才能使问出的问题不让对方产生反感。

这里再列举一个相亲的例子。当你想问对方是否有车时，你的问题应该是"请问您坐公交车时，会给别人让座吗？"当你想问对方的经济实力时，你的问题应该是"你们小区的停车位一个月大概是多少钱？"

你可以把它理解成是一种套路，你得到了你想要的信息，也不至于让对方反感，这也算是一种智慧吧。

完成提问，这时就可以着手写《××供应商质量风险评估报告》了,示例如下。

  该公司质量体系健全,通过了……运行比较良好。

  该公司人员比较稳定,5年以上老员工……人员流失率……

  质量风险:后期合作,这家公司提供的制品有极大的可能性会出现色差、翘曲变形、熔接痕、披锋这4个方面的缺陷,目前发生的概率分别为30%、21%、18%、15%。一旦这些问题发生,供应商的回复措施会是严加检查、加强品质意识培训,我们认为这些措施基本上是无效的,所以如果与该供方合作,请我们的IQC团队必须对色差、翘曲变形、熔接痕、披锋这4个方面的缺陷进行重点检查;请我们的SQE团队、技术团队对这4个方面的缺陷如何流出、如何产生及如何预防进行辅导,找到问题的根本原因,采取有效对策。如果以上问题能够解决,这家企业有成本降低8%的空间。采购可予以跟踪。

审核员:姜宏锋

  这样的审核,对企业、对供应商都会有比较实用的参考价值;我们的IQC、SQE、采购,包括管理层才会认为这次的供应商审核,时间、差旅成本没有白花,这就是增值审核。

看"实操"的艺术

  耳听为虚,眼见为实,审核时不能只看规定,更要看实操。

  关键工序、关键设备都会有各种点检记录、检验记录,上面会有人打钩签名。这时审核员不能只做到查核记录,而应该验证记录的有效性。

审核员找到签名人。

审核员：请问这个是你做的点检吗？

签名人回答：是的。

审核员：请问你点验一共花了多长时间？

签名人：20分钟左右。

审核员：麻烦你再帮我做一遍，一边做一边告诉我，什么样的标准是正确的，什么样的标准是不正确的。

即使是世界500强企业，只要用这种方法去查核，你就会发现这家企业的质量管理漏洞百出。很多点检或检验记录在现场是不具有可操作性的。有很多记录表本身设计就不合理、内容模糊，有的是检测在时间上就不允许。而如果这是关键工序、关键设备，就必须进行整改。

在供应商审核时，一个最容易出问题的地方，是部门和部门接口，我们称之为企业的穴位，而对于部门和部门接口的审核，我们称之为点穴审核法。下面以对供应商IQC部门的审核为例，为大家模拟一下点穴审核的方法。

审核员：您好，请问您怎么称呼？

IQC成员：您好，我叫林茂金，你可以叫我小林。

审核员：好的，小林，麻烦您把昨天的检验记录给我看一下。

小林：好的。

审核员：昨天一共检了多少批物料？

小林：15批。

审核员：昨天仓库来的物料都检验完了吗？

小林：都检验完了。

审核员：请把7066254这个物料的检验记录单拿给我看一下，好吗？

小林（查找）：好的，这张是7066254物料检验记录单。

审核员：可否麻烦您再帮我检一遍7066254物料，边检查边告诉我怎么判定这个物料是合格的？

小林：好的。（开始抽样并检验。）

审核员（观察并记录）：请问这些检验项目是谁定的？

小林：我们主管定的。

审核员问主管：您的这些检验项目是根据什么定的？

IQC主管：是根据经常出的问题定的。

审核员：谢谢您，我们一会儿再过来。

审核员走到仓库，与仓库管理员对话。

审核员：请问昨天一共来了多少批物料？

仓库管理员：一共16批。

审核员：麻烦您把来料清单拿给我一下。对昨天的来料清单，IQC都检过了吗？

仓库管理员：都检过了，IQC都盖章了，我就把它拆箱放到生产线了。

审核员：你们通知IQC检验，但单子IQC漏掉了，或者是IQC盖错章了，就送到生产线了，有这种可能性吗？

仓库管理员：有这种可能性。

审核员：好的，谢谢您。

审核员到了技术部,与该出物料图纸的技术员李工对话。

审核员:7066254这个物料图纸是您出的吗?

技术员:是的。

审核员:李工,对于7066254这个物料,您希望IQC帮您检验哪些项目,可否帮我写一下?

技术员开始书写。写完之后,将技术部希望IQC检验的那些项目与IQC实际检验的项目进行核对,发现技术部希望IQC检验的很多项目,IQC却没有检验。

将IQC主管请过来。

审核员:为什么技术部希望我们检验的项目,我们的IQC没有识别出来?

IQC主管:我们之前问过技术部这个物料要检验哪些项目,技术部回复凡是图纸里面有的项目都要检验,我们哪里有这么多的设备和人员,所以我们凭自己的经验设定了这些项目。

各位,到此你就能发现:从来料角度来看,IQC与仓库之间存在着一个隐患,IQC并不知道仓库今天实际来了多少物料,仓库人员也并没能确认这些物料是否经过IQC检验。从检验标准角度来看,技术部门与IQC之间也存在着一个隐患;从策划角度来看,技术部希望IQC全面检验,IQC则认为技术部不切实际,所以IQC自作主张做了检验标准。质量控制与质量策划脱节,这就是质量隐患。

最后,**没有完美的供应商,只有合适的供应商,所有的供应**

商都会存在问题,所以这就要看风险审核员是否能够识别出风险,是否有手段进行控制了。供应商的评估,并不是寻找最优秀的供应商,而是寻找一些潜力巨大的供应商,最合适的供应商。

下面附一份供应商风险评估报告,供读者参考。

供应商风险评估报告范本

供应商风险评估报告

审核对象名称:				编码:	
地址:				人数:	
去年年度销售收入:		去年年度产量:		固定资产:	
审核涉及的供货种类:					

编号	项目说明	最后得分	历次审核结果
1	设计控制	32	
2	文件资料控制	6	
3	采购和仓库	14	
4	顾客提供物资	2	
5	产品标识和可追溯性	4	
6	工序控制	17	
7	检验与试验	16	
8	内部质量审核	4	
9	培训	5	
10	体系最终得分	100	

供应商等级:	
最终审核得分:	
优先考虑,重点发展(≥90分)	
可接受,一般供应商(70~90分)	
不可接受,不应纳入配套(<70时,或初审时弄虚作假)	

供应商纠正措施:
(1)
(2)
(3)
(4)
(5)
供应商实施监督人:
实施完成日期:
(以最终完成日期为准,并应将见证性资料存档)

现场审查与供应商初审时自填的符合性	符合	
	不符合	

评审员签字：		评审员签字：		评审员签字：	
日期		日期		日期	
部门负责人 审核签字：		部门负责人 审核签字：		部门负责人 审核签字：	
日期		日期		日期	

体系审核报告（风险评估）
质量审核风险评估 总体评价： 风险评估：
交付审核风险评估 总体评价： 风险评估：
成本审核风险评估 总体评价： 风险评估：
服务（关系）风险评估 总体评价： 风险评估：
供方总评 总体评价： 结论：准入　　　有条件准入_____　　不批准

第 3 节　学以致用

学

请用自己的语言描述本章的要点。

思

描述自己企业的相关经验与本章带来的启发。

用

我准备如何应用？我希望看到的成果是什么？

会遇到哪些障碍？

解决障碍有哪些方法、措施、资源？

第 6 章

供应商产品导入过程：产品开发的策划、实现与认证

进入潜在合格供方清单（AVL）的供应商，要想通过向客户提供产品与服务创造价值，获取利润，还必须通过产品导入这一关。从前期技术沟通到产品实现策划，从样品试制到产品验证，从小批量试生产到大规模供货，环环相接，丝丝入扣（如下图所示）。

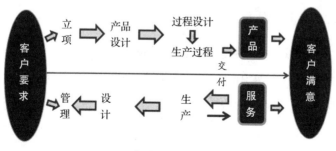

产品导入流程

正如上图所描述的,一家公司要想永续经营,就要源源不断地向客户提供产品和服务。整个过程可以简单总结为从客户中来,到客户中去。所谓从客户中来,是指要以客户为中心,详细了解客户的需求,进而转变成具体的要求,并通过项目的形式进行产品及过程开发的策划并将其实现;然后将产品按期足质保量地交付给客户,这正是"到客户中去"。而当产品出现问题的时候,则需要通过服务(客户质量)反馈到生产甚至管理进行持续改善。

第 1 节 供应商产品导入的类型

质量管理,本质上就是管理风险。而供应商产品导入的有效管理,也就是要充分识别其中的风险,并有针对性地进行管控。既然是有针对性的,就得有所区分,不能眉毛胡子一把抓。下面将从几个角度进行区分。

对于企业来讲,可以根据是否为新的产品项目,以及是否为新开发的零部件两个维度将要导入供应商的零部件分为四类(整机 OEM 项目除外)。

1. 在新产品项目上开发新的零部件

公司级新产品开发项目,一般由工程部门或项目部主导,需要根据公司的规定进行完整的验证流程。基于风险管控的考虑,大部分企业并不倾向于在新(机种)项目中采用新供应商,更有甚者会明文或暗示规定严禁在新项目中采用新供应商,除非目前的供应商种没有办法生产这种零部件。但是一旦新供应商被选用，这将是一条快速导入的通道，因为对于公司级的新项目，在测试资源上一般要求有充足保障的。对供应商而言，完整的产品开发过程是必不可少的。

2. 在老产品项目上开发"新"的零部件

这一般是公司的国产化或者是供方二元化的项目，所谓的"新"零部件是对这个供应商而言的，一般情况下是由采购部门来牵头的。根据零部件的关键程度需要单独或多个零部件打包进行验证。很多新供方导入的就是这条通道。这种项目的瓶颈往往在于测试资源上，所以采购部门积极协调相关资源尤其是测试资源，以有效避免孤军奋战，这往往是决定项目能否如期进行的关键。对于供应商而言，同样需要完整的产品开发过程。

3. 老零部件的导入

如下图所示，对于第三种情况在新（机种）产品上采用供应商的老产品，以及第四种情况在老（机种）产品上采用供应商的老产品，对供应商而言，一般是选用供应商已经存在的标准件或目录产品（如螺钉、螺母、电阻、电容等）。因不牵扯到供应商的产品开发的过程，因此在此不做详细介绍。

第2节 供应商产品顺利导入的保障

在本节中，我们将以在采购方新产品项目开发中，供应商的新零部件的开发策划与实现所需的最为完整和复杂的流程为例介绍产品导入的过程。

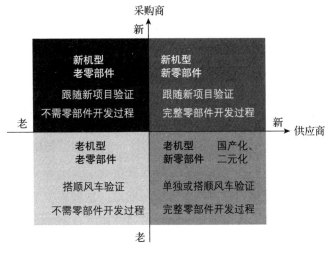

供应商产品导入类型

产品质量先期策划

下面以下图中描述的组织内部的活动为例,讲解一个产品诞生所经历的策略形成、产品定义和策划、产品和过程的开发以及量产四个阶段。产品和过程的开发又可细分为产品和过程开发的策划以及产品和过程开发的实现两大部分。

为了满足采购方项目的需求,供方需要据此进行相应的准备。正如下图中所描述的供应商的活动。而这一系列活动的有机组合就是产品质量的先期策划,在汽车行业称之为APQP(Advanced Product Quality Planning)。

第6章 供应商产品导入过程：产品开发的策划、实现与认证

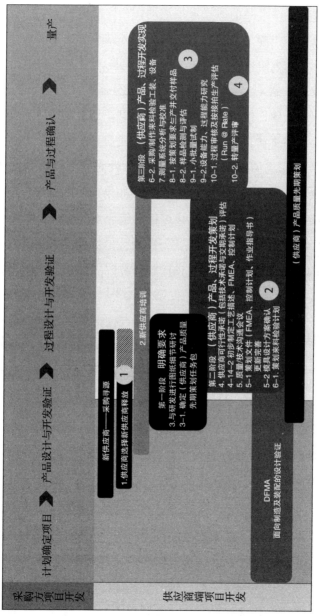

产品质量先期策划

其实供应商产品的质量策划活动，在询报价阶段就已经开始了，而直到大批量生产放行并完成交接才结束。从立项到项目结束所经历的四大阶段通过质量里程碑来衔接，"三不质量原则"中的不接收不良品（过程）的精神得到了充分体现。

所谓里程碑，也可以称之为关键节点，是指在项目进入下一阶段之前，对本阶段所规定的活动的完成质量的确认，尤其是一些必要条件完成情况的确认，包括符合性和有效性确认两个方面。若全部具备了，就进入下一阶段。如果条件不充分，则需要返回继续准备。如上图所示，该过程共包含 4 个关键节点。

结合许多企业尤其是非汽车行业企业的案例，围绕采购方项目开发的 4 个关键节点，我们将供应商产品导入分为 3 个阶段，其中定义了 11 项重要活动。

第一阶段：明确要求阶段

第一阶段是整个项目开发的第一步。只有将第一粒纽扣系正确了，后续的活动才能顺利进行。这个阶段一共包括 4 个关键活动，具体如下。

1. 供应商的选择与导入

要想启动供应商的产品质量先期策划项目计划，必须完成两件事情：明确项目需求，策划项目路线。采购部门必须清楚地了解项目的基本信息，包括产品的应用、年需求量、上市时间、产能爬坡计划、主要客户群体等，以便在与供应商沟通的过程中能将信息准确地传达到供应商，这些也是询报价的必要信息。供应商在报价之前，需要对所询产品的制造、测量、采购、产能的可行性进行详细的分析，并形成可行性分析报告作为报价的附属信息一并交给采购方。

根据采购情况的不同，采购工程师一般会向两到三家供应商询价（单一供应商除外）。当然如果现有的供应商资源当中没有能够承接新项目的供应商，就需要根据第4章介绍的方法，先寻源并导入新供应商。需要特别强调的是，新供应商的导入需要提前谋划，并在设计冻结之前完成供应商的释放工作。

在收到供应商的报价及可行性评估报告以后，采购工程师需要联合供应商质量开发工程师一起进行评估，以做出正确的决定，确定正确的供应商（如有多个选择），这个过程也称为发包定点。

需要强调的是，采购人员在选择供应商的过程中，与供应商质量管理人员沟通并达成一致意见，往往会成为影响质量问题分析与解决快慢的很重要的因素。供应商的选择如果是采购与供应商质量管理人员协商的结果，那么后续即使有问题，大多数情况下解决问题的速度也会很快。反之，一旦出现问题，供应商质量管理人员的第一反应可能是：我早就说过这家供应商不行，非要选这一家。即使是个很小的问题，解决起来可能也会花费很长的时间。

2. 培训新供应商

如果项目确定需要导入新供应商，那么在完成供应商进入AVL（批准供应商清单）的活动之后，就要快速启动新供应商的培训工作。这项工作可以由采购工程师或供应商质量工程师完成。培训的内容主要是公司关于供应商新产品的导入及认证的流程、各种表单的填写规范，等等。双方首次合作，需要一个磨合的过程。培训的目的是缩短磨合的时间,帮助供应商第一次就把事情做对,尤其是针对客户的特殊要求的了解与掌握。

3. SQE 与研发一起确认技术要求

与任何新开发的项目一样,设计人员在项目的初期也难免会存在设计的不确定性以及更改的情况。因此供应商质量工程师很有必要在让供应商开始策划之前,与研发人员针对图纸的设计细节,包括功能要求、检测方法等进行详细沟通,了解零部件在产品中的功能、哪些特性是关键特性(包括法律法规、安全、功能相关的特性)、哪些是会影响装配的特性,以及是否有特殊要求,等等。

之所以这样做,是因为在很多企业,基于某些原因企业的研发人员与供应商的研发人员并没有建立起沟通的渠道。与供应商的所有沟通都需要通过采购/供应商质量工程师来进行。我们通常将这种沟通类型称为蝴蝶型(如下图所示)。这就要求供应商质量工程师能够准确无误地了解设计人员的要求以及其中的原因。

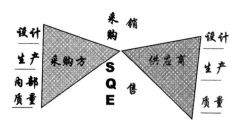

蝴蝶型沟通示意图

4. SQE 定义供应商产品质量先期策划任务包

在与设计人员沟通清楚细节以后,SQE 需要结合产品质量先期策划流程,针对每一个要开发的零部件的特点定义一个任务清单，或者称为任务包（APQP Profile），并与供方进行详细的沟通。

定义任务包是为了让供应商的开发活动更有针对性，合理规划，充分利用资源。在定义任务包的时候需要基于风险管控的考虑从以下三个维度来进行。

（1）**零部件生产的难易程度**：这项指标比较容易理解，因为针对同一个品类，一般情况下，生产难度越大的零部件，实现过程中出问题的概率就会越大，所以在策划的时候需要进行的活动也就越多；而生产难度等级低的零部件出问题的概率相对较低，所进行的策划活动可进行缩略。如下图所示，高难度的零部件在策划过程中第3、4、5、6、8五项活动都是必需的；而对于低生产难度的零部件只要完成第6项就可以了。那么这个生产难度等级的划分又是根据什么定的呢？其实，零部件生产难易程度的定义是品类管理策略的一个重要内容。采购工程师需要组织相应的研发设计人员以及供应商质量工程师结合供应商的反馈定义品类策略，并根据行业技术发展趋势及现状进行定期更新。

（2）**供应商的状况**：供应商的状况包括供应商的绩效表现、是否为新供应商或刚刚变更过生产场所以及以前是否批量供应过该品类的产品等。

对于已经在这个品类中量产供应，且表现很好的优选供应商，或者绩效表现为A的供应商，在遵循依据难度等级制定的策划活动的基础上，不需要进行特殊的加严管控；而对于表现差（绩效评定为C，原则上不应再给新项目）又离不开的供应商，则需要增加三项策划要求，即4-1可行性承诺、5质量/技术沟通会议、10过程审核（见下图）。

采购件产品质量先期策划活动矩阵

评估标准	1.评估供应商质量水平(体系审核)	2.新供应商培训	3.与研发进行图纸研讨	4-1.可行性承诺/工艺推进/控制计划	4-2.过程FMEA	5.质量/技术沟通会议	6.来料检验计划及检测设备准备	7.测量系统校准	8.确认检验计划及样品检测报告	9.设备及过程能力研究	10.过程审核/按节拍生产
A. 难度等级											
高难度	■			■		■	■		■		
中难度	■					■	■		■		
低难度	■										
B. 供应商状况											
优选供应商–A级供应商											
良好供应商–B级供应商	■										
受限供应商–C级供应商	■		■	■	■	■	■		■		■
新供应商/或供应商新生产场所	■	■	■	■	■	■	■		■	■	■
现有供应商未供应过的品类	■		■	■	■	■	■		■		
C. 工艺流程											
对供应商而言属于新技术/新工艺			■	■	■	■	■	■	■	■	■
对采购方而言属于新技术/新工艺(未生产采购过)			■	■	■	■	■	■	■	■	■
新的检测方法/工具							■	■	■		
图纸上明确标示有功能尺寸(特性)			■	■	■	■	■	■	■		
采购方规定的需要特殊文件的零部件(如安全、法规要求等)			■	■	■	■	■	■	■	■	■

对于新供应商或者刚刚变更过生产场所的供应商，则需要在遵循依据难度等级制定的策划活动的基础上增加如下几项活动：1 供应商审核、2 新供应商培训、4-1 可行性承诺、4-2 过程 FMEA、5 质量 / 技术沟通会议、10 过程审核。

对于现有供应商，在其原来批量供应范围基础上增加新品类零部件供应的，则需要增加如下几项活动：4-1 可行性承诺、5 质量 / 技术沟通会议、10 过程审核。

（3）**工艺成熟度**：在工艺成熟度这个维度需要考虑对供应商而言是否为新技术，对采购方而言是否为新技术（未采购 / 生产过），是否有新的特殊的检测设备，图纸上是否有明确的功能特性，采购方是否有特殊的要求，如第三方认证、防爆要求等。

如果该零部件的加工工艺对供应商而言是新技术，则要求在满足 A 难度等级、B 供应商状况这两个维度的基础上增加如下几项活动：4-1 可行性承诺、4-2 过程 FMEA、5 质量 / 技术沟通会议、9 设备及过程能力研究、10 过程审核。

如果该零部件的加工工艺对采购方而言是全新的，则要在满足 A 难度等级、B 供应商状况两个维度的基础上增加如下几项活动：4-1 可行性承诺、5 质量 / 技术沟通会议、10 过程审核。

如果需要用到未用过的（同类的）检测设备，则要求在满足 A 难度等级、B 供应商状况两个维度的基础上增加三项活动：过程 4-2 FMEA、5 质量 / 技术沟通会议、7 测量系统校准。

如果图纸上明确标明有功能尺寸（特性），则需要在满足 A 难度等级、B 供应商状况两个维度的基础上增加如下几项活动：4-1

可行性承诺、5 质量 / 技术沟通会议、7 测量系统校准、9 设备及过程能力研究。

如果遇到采购方有特殊要求，如安全、法规等要求，则需要在满足 A 难度等级、B 供应商状况两个维度的基础上增加如下几项活动：4-1 可行性承诺、4-2 过程 FMEA、5 质量 / 技术沟通会议。

需要强调的是，以上策划活动矩阵的要求是基于众多企业采购件质量策划流程进行总结提炼得出的，不是强制要求。在实际工作中可以根据自己企业的情况进行增加或删减。

第二阶段：（供应商）产品过程开发策划阶段

明确要求阶段更多的是供应质量工程师与本公司设计人员进行的前期澄清。而接下来的活动则更多的是与供应商产品开发团队的人员一起进行项目的详细策划。

1. 供应商可行性承诺的确认

可行性承诺是供应商接到询报价时对于所有可能取得的新项目对采购方就价格、交期、制造、检测等能满足客户的要求所做出的承诺。这份承诺既是项目继续进行的基础，也是项目成功进行下去的保障。为了这份承诺，供应商除了要仔细研究图纸、检查样品等之外，还要仔细评估所拥有以及可获得的资源来匹配客户的需求。

然而在现实工作中，很多企业为了得到客户的订单，在响应客户方面表现得非常积极。在未经充分评估的情况下参照以往产品的价格匆忙报出一个具有竞争力的价格，并在可行性承诺表上全都打对勾以示可以满足要求。而采购方收到以后也只是归档了事,未进行确认,这就为后期的项目开发埋下了不定时炸弹。一旦后续满足不了,对供需双方都会造成不良影响:就采购方而言,轻则延误项目进度,重则造成项目流产;而对供应方而言,损失的不仅仅是这一个项目,还有更重要的来自客户的信任以及未来的业务。

为了及时清除这个隐患,采购方的供应商质量人员需要对供应商的可行性承诺进行确认。确认的时候不能只看供应商是否在是否能满足要求的"是"上打对勾,更不能只看对方有没有签字盖章,而是要进一步追问供应商是如何满足和保证的。看供应商列出他们识别出的关键特性,以及如何来满足这些关键特性、采用什么样的设备、什么样的材料等,将可行性承诺中的"是"与"否"的选择题变为如何实现的填空题。

当然,更进一步的确认就需要供应商根据技术要求策划的针对这个零部件的工艺流程图、潜在失效模式及后果分析(过程FMEA,见上图中的步骤4-2)以及控制计划等几项内容进行确认。这个时候的文件还只是初稿,是供应商针对需求真正组成项目小组进行的研究,以及向客户证明自己的确具备这个项目的开发及量产供货能力。

需要特别指出的是:到目前为止,所做的工作还都处于分析阶段。这个阶段采购方有可能同时与好几个供应商在进行沟通,以获得最佳方案。而更加具体的开发活动,则是在可行性承诺得到认可,采购方开始下样品订单的时候开始的。

2. 质量/技术沟通会议

在对几家供应商的方案进行评估筛选以后，采购方会最终确定获得这个项目的供应商，也就是在第一个活动里所讲的供应商的选择与发包定点。

此时，供应商质量工程师需要与供应商一起进行质量、技术细节的沟通，通常这种沟通会通过质量会议的形式进行。在开质量会议之前，SQE 需要做精心的准备，包括图纸、企业标准、（类似）样品、关键特性清单、（以往产品）缺陷列表甚至采购方的成品，与供应商的质量、技术、工艺、销售人员一起结合供应商已经提供的工艺流程图、FMEA、控制计划进行更加详细的讨论。

随着讨论的深入，供应商有可能会发现前期策划未预料到的一些问题，尤其是从（以往产品）缺陷列表中得到的启发，还会发现图纸等技术要求中的一些不合理或者没有办法实现的项目。这些就是在后续项目中可能遇到的坑，即一些潜在的失效模式。

这次会议的目的就是最大程度发现、发掘这些潜在的失效模式并制定相应的措施，进而更新到 FMEA 和控制计划当中（129 页图中的活动 5-1）。

SQE 需要将会议中发现的需要进行图纸确认或更新的内容与设计人员及时进行沟通确认，并以书面形式（最好是更新图纸）回馈给供应商。这个书面确认的活动也称为技术交底。

在双方将技术沟通清楚以后，供应商便可以进行下一步的设计与开发。如果牵涉到模具的开发，那么供应商在设计完毕开始制作（Cut Steel）之前，最好是将做好的 DFM（Design for

Manufacturing）制造的可行性验证方案发给采购方批准并确认（129页图中的活动 5-2）。

3. 策划来料检验方案

在与供应商开完质量会议的时候，SQE 会识别出是否需要使用特殊的或新的检测设备或工装等，此时就需要着手策划来料检验计划的制定了。一旦需要购置新的设备或工装，就需要与 IQC（Incoming Quality Control）来料控制部门沟通设计、采购、认证新的设备或工装夹具（129页图中的活动 6-2）以免影响项目的进度。

来料检验计划，尤其是量产后的来料检验计划的编写非常考验 SQE 的水平。既要最大程度控制质量风险，又不能眉毛胡子一把抓，将所有特性全列入检验计划。为了在资源与风险管控之间找到相对的平衡，SQE 还需要联系设计人员与 IQC 的检验人员一起评估检验计划中需要列入的检验项目、检验频次乃至每个项目的评价方式。

第三阶段：（供应商）产品过程开发实现阶段

如果说良好的策划是成功的一半，那么剩下的一半就是将前期策划的活动不折不扣地变成现实，而这正是很多企业所欠缺的。接下来将对执行环节的一些关键点进行介绍。

1. 测量系统分析与校准

准备好新的检测设备、工装夹具以后，针对在产品质量先期策划活动矩阵中规定的需要进行分析与校准的情况（如图纸上标有功能、尺寸要求等的情况），需要进行测量设备的能力分析和校准。

测量系统分析（Measurement System Analysis, MSA）是选择检具、量具的依据，是为保证测量系统有效可信而进行的活动，也是后续进行统计分析的基础。原则上，新的测量系统在投入使用之前必须经过分析验证。

MSA 是一个系统工具，在此无法展开详细描述。下面仅对几个关键点解释一下：分辨率，也指测量系统的最小刻度。根据要求，分辨率不得大于所检特性公差带的 1/10。

在经过 MSA 分析以后，供需双方还应该对测量系统进行校准。校准分为两个部分：测量方案校准和实际测量结果校准。

测量方案校准是指在供需双方所用的检测设备品牌、型号等不一样的情况下，对检测方案的校准。需要根据图纸要求，对装夹方案、测量部位、路线、评价方式等进行比对与矫正，以最大程度消除差异。如果双方没有信心消除这个差异，则需要进行实物测量校准。一般情况下简化版的做法是：选取 10 个样品（尽可能覆盖公差带的各个区域），对样品进行编号。供应商安排两位测量人员分别测量并记录数据；采购方安排两位检验人员分别测量并记录数据，然后对这四组数据进行计算与分析，看是否在可接受的范围之内。

2. 样品评估

供应商的样品生产过程，是一个非常关键的环节。

供应商依据产品及过程开发策划文件进行相应的准备。人、机、料、法、环都准备就位以后就可以安排样品的生产了。在样品的生产和检测过程当中,供应商质量工程师应该根据风险情况有选择性地到供应商的生产现场进行确认。一方面,可以掌握供应商生产、检测现场真实的制造及检测能力;另一方面,发现问题还可以对供应商进行相应的指导,尤其是在满足公司文件格式方面的要求。

在全尺寸检测结果出来以后,很多情况下,或多或少会有不能完全满足图纸要求的情况。这个时候,SQE 需要及时与设计人员沟通这些不合格项目的判定。沟通得是否及时,在很大程度上会影响项目开展的进度。这是因为第一,这件事在设计人员那里未必有限级,如果没有,可能会等很久才会处理;第二,在没有时间压力的情况下,为保险起见设计人员往往会要求供应商改至完全满足图纸要求。供应商如果能 100% 满足所有要求那自然是最好的;如果有些经过验证确实无法实现,又没有什么风险,那么更改标准或许也是一条出路;而对于一些风险相对较低又必须要做出改进的,则可以在后续的小批量生产之前让供应商进行改进。

3. 过程能力研究

在样品检测合格之后,就转入小批量生产。如前文所述,在此之前,供应商需要及时对在样品生产过程中发现的制程及样品本身的一些问题进行改善。

因为之前只是进行了样品的生产，数量极其有限，验证并不充分，所以在小批量生产的过程中可能会陆续暴露一些问题，而且问题的解决都需要一定的时间，所以一般企业会将小批量生产验证分三轮来进行，逐步逐批解决。如此一来，既能充分暴露问题，又不至于影响项目进度。

在这个过程中，需要对功能尺寸进行过程能力研究。过程能力研究分为短期过程能力研究和长期过程能力研究两种。短期过程能力，也称为设备过程能力，是指在生产过程中连续抽样（一般为 25 个），并对所分析的特性进行检测统计分析，一般要求大于 1.67。长期过程能力是指在考虑作业员、班次、机台等差异的情况下进行的分析。在分析的时候需要间隔一段时间抽样，分 25 组，每组抽取 5 个，然后进行检测计算分析，一般要求大于 1.33。

当然对于过程能力的要求，不同的企业、不同的产品其要求是不一样的，不能一概而论，主要还是根据风险的大小进行管控。

4. 转量产评估

在小批量生产的过程中，除了进行过程能力的研究以外，还需要对生产过程与策划文件的要求的一致性进行确认，这个确认的过程就是过程审核。当然过程审核除了确认一致性以外，还需要验证有效性，也就是说做出来的产品必须合格。

过程审核，大家可以参照 VDA6.3 2016。这是一份非常完善的审核，涵盖了项目管理、产品与过程开发策划、产品与过程开发实现、供方管理、生产管理和客户关怀六大方面。同时，它还体现了对于生产现场管理的特别重视，因为在总共 58 个问题当中，有 26 个是生产领域的问题。

审核时，SQE 需要到供应商的生产现场，结合供应商的控制计划、FMEA 等策划文件（此时应该为小批量生产版本的文件）逐一进行核实。审核时，如果允许，还要关注供应商的生产节拍与承诺的是否一致，不良率是否达到了预先设定的计划值等，这也是按节拍生产（Run @ Rate）的要求。如果都满足预先设定的要求，就可以批准转量产了。需要注意的是，在转量产以后，文件也许会进行更新，改为量产版本的受控文件。

第 3 节　供应商产品导入的常见问题及解决方法

供应商产品及时、保质保量地导入，是供需双方共同期待并努力实现的事情。尽管大部分企业都制定了相对完整的流程，也在进行持续改进，然而现实中还是会存在这样那样的问题。接下来将结合多年工作、培训、咨询中遇到的案例，介绍一下供应商产品导入过程中常见的问题、发生的原因，以及建议采取的对策。

1. 西瓜芝麻分不清，一套标准打天下

有些企业对供应商的产品开发及认证的过程没有进行区分，所有零部件的开发都遵循同样的流程。

这样做的弊端显而易见：有限的 SQE 工程师的资源会被诸多价值很低甚至不增值的文档化的工作所占据，这是因为很多如标准件等简单的零部件的开发认证也需要走完整的流程，而这一类的零部件又特别多，所以时间都花在这上面了；这就导致针对一

些关键的零部件所投入的资源就无法得到保证了。

要解决这个问题，需要参照本章第 2 节里关于定义产品质量先期策划活动矩阵的定义，按产品的难易程度、供应商状况及工艺成熟度三个维度进行分级分类，以此对每个零部件的特点进行开发活动的定义。

如果再往深处挖，问题应该出在采购阶段，尤其是战略采购没有制定或者在制定品类采购策略的时候没有从产品的难易度、供应商的状况和工艺成熟度三个维度进行设计。

2. "黄金样品"——样品完美，转量产就被投诉

样品完美，量产就掉链子！这是很多企业采购抹不去的痛！痛定思痛，我们来解析一下这其中的缘由。

（1）**样品和量产不是一个团队负责**。有些公司为了响应客户样品交期的要求成立了专门的样品制作团队：专门的人员、专门的场地、专门的设备。人员都是资深的技师，设备是公司最好的设备，场地是有 24 小时温湿度管控的，所以做样品的时候不会出什么问题。

但是转量产以后，人员换成了普通员工，设备换成了"老爷车"，车间既吵又热还潮。样品和量产的产品除了同在一家公司生产以外基本没有什么联系，所有的过程都得重新来一遍，这样的"转量产"不出问题基本上是不可能的。

针对这种情况，如果采购方要求零部件是在量产状态下生产的，需要明确向供应商说明。同时，在样品生产过程中，SQE 及时到现场去确认也是一种有效的办法。

当然如果采购方基于某些考虑允许供应商用单独的团队做样品，那就要预留好足够的时间给供应商进行交接、磨合和解决问题。

（2）**挑出来的样品**。还有一种情况，虽然生产样品与批量生产产品是在同样的人员、同样的机台、同样的场所下完成的，但是样品生产过程本身就不稳定。虽然能做出合格品，但是良品率很低。在万般无奈之下，为了尽早获得订单，供应商可能就从一堆产品当中挑出那么5到10个"完美"的样品交给客户。

而在交完样品之后，又没有进行相应的改善。直到接到客户的量产订单时才着手优化，而这时已经太晚了。

面对精挑细选后交样的问题，SQE的现场确认是早期发现的手段。而要避免后期的尴尬，还需要与供应商一起优化前期的策划，并通过供应商自己主导的试生产进行挖掘验证。

3. 免费的午餐？——不付费的样品可能更贵

"贵司从供应商得到的样品，付费吗？"这是供应商质量管理培训课程当中提给学员的一个问题。每次课程中都会有一部分学员企业的供应商的样品是免费获得的。

那免费的样品到底是好还是不好？又有什么风险呢？

一般管理相对正规的企业，都有完整的供应商样品开发及验证流程。免费的样品在很多情况下是没有通过这个流程的。这些免费的样品有的是因为采购方没有做样品成本的预算，尤其是国产化、二元化等项目的样品；有的是因为采购工程师嫌走流程麻烦，而选择走捷径；有的是供应商为了进入客户的供应链系统而主动赠送的。这里面可能存在一个共性，就是样品没有相应的订单。样品大部分是供应商寄给采购，采购又转给样品检验部门的，走的并不是正常的交货流程和路线，产品在物流环节存在很多的不确定性因素。

在没有订单的情况下，供应商在上面投入的资源可能会很有限，甚至这些样品是对方销售人员从生产部门"求"来的。"求"来的样品很可能是在非正常、非量产工艺下生产的。非正常的工艺又加上快递环节的诸多不确定因素，很可能会使公司后续的检测、验证环节所花费的资源付诸东流。而即使是验证合格了，也会因为"免费"样品的生产检测过程中存在诸多不确定性，难免会出现样品合格量产问题一堆的现象。

其实要解决这个问题也很简单，只要采购按照相应的流程下单办事就好了。

4. 被"绑架"的采购——认证合格就涨价

采购的另一种说不出的痛是零部件认证合格，刚一量产供应商就要求涨价，甚至被要挟，不涨价就不供货了，这种"绑架"实在是令人如鲠在喉。

排除供应商恶意低价进入后续涨价的卑劣行径，很有可能是初次合作的供应商在报价的过程中没有意识到一些潜在的要求，在开发过程中随着对潜在要求的逐步挖掘，生产成本逐步增高，最终突破盈亏平衡而不得不涨价。

要想解决这个问题，需要采购方在可行性承诺评估的时候对供应商所提的方案进行仔细研究，如果发现问题要及时澄清。在项目开展的过程中，尤其是在过程审核的时候，要对每一步工序进行核对。如果真的超出了，双方要成立联合的改善小组进行相应的改进。

5. 本末倒置——沦为"作业"的策划文件

工艺流程图、FMEA、控制计划、SOP作业指导书等策划文件是策划活动的载体，是开发策划转入实现要做的必要准备。

然而有些企业，为了图"一时之快"，在策划方案并不成熟、文件还没有形成的情况下直接去生产样品。因为没有标准化的操作，所以很难做出稳定合格的样品。无奈之下只好多做一些，从中挑来使用。至于客户所要求的策划文件，则完全当成了作业，在样品完成以后再草草应付了事。

要解决这个问题，供应商质量工程师只要按照本章第2节所描述的流程，每个阶段及时跟进供应商的活动，质量会议之前就与供应商确认草稿，样品生产之前进行更新就可以了。

6. 海绵里的水——被无限压缩的样品交期

一个产品在市场竞争中能否占得先机，上市时间是一个很关键的因素。这就要求项目团队对Time to Market（也就是从立项到上市的时间）进行严格管控。可事实上，由于种种原因经常会出现设计迟迟无法定型的情况。

因为设计无法定型，图纸无法冻结，留给采购和供应商开发零部件的时间就被大幅压缩。时间上的压缩，有时候会出现不允许供应商按部就班进行开发的情况。尤其是对于压铸、注塑等因需要开模具而周期比较长的零部件的供应商而言，通常会出现"赶鸭子上架"不行也得行的局面。在有限的时间之内匆匆完成的开发，难免会出各种闪失，而出了问题，"背锅"的人还是采购、SQE以及供应商。

为了避免出现这种情况，长远而言，采购和SQE需要与这类开发周期比较长的供应商，根据零部件生产的难易程度，制定标准的经得住推敲的项目进度和交期。在立项伊始，就与项目经理和研发人员进行沟通。

另一种比较有效的办法是邀请这类供应商早期介入项目的开发，提前对设计的可制造性进行分析并及时对研发进行反馈，减少图纸变更的次数，从而争取更富裕的开发时间。

第4节 学以致用

学
请用自己的语言描述本章的要点。

思
描述自己企业的相关经验与本章带来的启发。

用

我准备如何应用?我希望看到的成果是什么?

会遇到哪些障碍?

解决障碍有哪些方法、措施、资源?

第 7 章

IQC 角色与质量控制

第 1 节　IQC 角色与价值

IQC 的现状

先来做一个小调查。

（1）你的企业，将 IQC 翻译成什么？是"来料检验"还是"来料质量控制"？

（2）经 IQC 部门检验判定合格的物料，真的合格吗？

（3）你们企业的 IQC 部门，受欢迎吗？

IQC（Incoming Quality Control，来料质量控制）人员在企业里是怎样的一个群体呢？采购部门往往会说，IQC 人员不管供应商死活，只管用不合理的标准"卡"供应商，不变通、不帮忙；生产部门往往指责 IQC 人员把关不严、总是误判，造成产线返工；人事行政部门说，IQC 人员责任心不强，经常挨罚，经常加班,造成人事行政部门不能完成 KPI。因为曾在日企管过几年 IQC,我看待 IQC 有着不同的视角:IQC 的人往往较少、责任大,承担了组织不切实际的期待与要求,IQC 人员最大的恐惧是物料因把关不严流入生产而被追究责任。为避免被追究责任,很多企业的 IQC 人员对标准严防死守,甚至矫枉过正,确实有可能会造成采购与供应商的苦不堪言;为避免被追究责任,IQC 人员只管检验,发现异常就批退,坚决"不越雷池半步"。

场景一:

在一家国内知名的食品公司做供应链培训时,采购部门的丁经理在课前找到我,下面是我与丁经理之间的一段对话。

丁经理:姜老师,可算把您盼来了,您一定得在课上帮我们讲讲验收标准的事。

我:能了解一下,您为什么会有这样的需求吗?

丁经理:我们的 IQC 实在是太苛刻了。新任的 IQC 主管是从电子厂过来的,他一来就说花生(原料)怎么能没有标准?于是对每个花生壳里的颗粒数、每粒花生的直径都定了标准。现在每次进货都用游标卡尺去量,花生大小不可能一致,一超过允收数就判全数退货。今年气候不好,主产区整体颗粒偏小,现在退了很多批,我们的供应商都觉得我们是神经病,很多已经不愿意和我们合作了。而我们批退的物料,我们的竞争对手派车等在厂外,一退货直接买走。我们采购也和 IQC 主管沟通过,说自然界的东西,受气候影响很大,不能一概而论,但 IQC 主管不接受。

我:你没和总经理就质量标准沟通一下吗?

丁经理：我们总经理刚在质量月表过态，"质量零缺陷，安全大过天"。他也没办法，说有标准，就先按标准执行吧。

我：这个标准怎么定出来的？

丁经理：在国标之上加严，加严多少怎么来的，我也问了，是 IQC 主管自己拍脑袋定的。

这不是个案，而是普遍情形，在高压下，IQC 人员在企业里有两种演化趋势：IQC 人员要么做牛做马，活多受气；要么死卡标准，作威作福。但这两种趋势都对供应链的竞争优势不利，要么是无法保证产品质量，造成供应链运营成本过高，要么就会影响与供应商的合作关系。我们不禁要问，企业设立 IQC 部门的最初目的究竟是什么？IQC 的价值到底是什么？如果 IQC 职能被成功激活，那么其还能为供应链做出什么样的贡献？

IQC 在供应链质量管理中的角色

企业设立 IQC，往往是不得已而为之。公司会在发展中遭遇供应商来料不良，造成产线返工、停线、客户投诉，企业为了解决来料的质量问题，设立了 IQC 部门。那么 IQC 部门在供应链质量管理中处于哪个位置？应发挥什么作用呢？我们需要先看一下企业的整体质量管控系统图，见下图。注意，这张图对供应商同样适用。而整个供应链质量管理系统就是无数张这样的质量管控图串联，形成的是一个互相影响的网状结构。

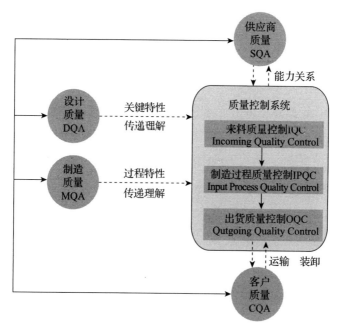

企业的整体质量管控系统图

在企业质量保证 QA 系统上,有 4 个质量保证 QA、3 个质量控制 QC 在起作用。4 个 QA 质量保证职能,分别是客户质量保证 CQA、设计质量保证 DQA、制造质量保证 MQA、供应商质量保证 SQA。按物料流动顺序有 3 个质量控制 QC 系统,分别是来料质量控制 IQC(Incoming Quality Control)、制造过程质量控制 IPQC(Input Process Quality Control)、出货质量控制 OQC(Outgoing Quality Control)。从上图中可以看出,来料质量控制 IQC 的工作质量受 2 个 QA 影响,即 DQA 与 SQA。

DQA 指的是研发(技术)是否靠谱,出的图纸或关键特性是否合理,这将直接影响 IQC 的检验标准与可执行性。即研发与技术部门的靠谱程度，取决于研发人员的专业与经验。在企业中经常可以看到不靠谱的研发，举例如下。

场景二：

IQC 检验员小王拿着一个新物料与图纸，问研发人员李工。

小王：李工，这个物料要检查哪些特性？

李工：图纸里标出的特性都要检查。

小王：我们人少、缺设备，没法全部检查啊。

李工：检验是你们的事，反正我要求全检。

小王：……

大家猜猜看，最终图纸里的项目小王会全部都检查吗？

一定不会，小王会挑能检的检查。越不专业的研发技术，越是无法向 IQC 人员提供哪些是真正要检的关键特性从而要求 IQC 人员全检；越不专业的研发技术，越会将公差严苛要求到供应商行业水平无法达成的程度，不合理的过严的标准不仅无法达成，而且会导致大家对执行标准的变通。相对而言，日本企业的研发系统则比较成熟，主要原因是日企实行终身雇佣制，专业技术人员工龄有的高达 30 多年，经验丰富，给出的要检的关键特性反而少而精，甚至连检验仪器、标准都直接给出了。

注意，设计人员的标准与 IQC 的实际执行标准之间存在一个巨大的落差，建议 SQE 或 IQC 人员去供应商稽核时重点确认。

IQC 人员的工作质量受采购选择的供应商的质量能力影响。如果采购开发的供应商平均水平比较低，来料经常不合格，或者是混料，那么 IQC 人员再怎么精细，也很难保证来料是合格的。而如果采购开发的供应商平均水平很高，那么 IQC 人员检与不检、怎么检，其实影响都不是很大。

所以，IQC 的工作质量与绩效表现，很大程度上取决于 DQA 与 SQA。

企业对 IQC 的错误认知

除了研发与供应商的影响之外，企业还会普遍存在一个错误认知，认为有了 IQC 人员做质量检验，物料质量就有把关的了，其实企业应该正视这样一个事实：即使投入了巨大的人力、物力，经 IQC 人员检验判定合格的物料，仍然不能保证是合格的。我们在做企业内训时做过无数次测试，要求 IQC 人员扪心自问，你能保证你检验过的产品是合格的吗？

IQC 人员的回答都是干脆而果敢的："不能"。当年我在企业接手 IQC 部门的前 2 个月，几乎因无法保证检验过的产品是合格的而担心到失眠。直到 2 个月后才停止失眠，原因很简单——习惯了，也接受了 IQC 人员检验出事是必然，没出事是偶然的事实。

为什么经 IQC 人员检验判定合格的物料，仍然不能保证是合格的呢？

（1）IQC 以较少的人员面对的是海量的进货批次，只能做抽检。对于抽检，很多人的理解只是数量上的抽检，都有误判数量。数量上的风险，即来了 800 个物料，我抽检了 20 个样品，通过对这 20 个样品的判定来推测 800 个物料的质量水准。这会带来一定的误判风险,专业术语称之为 OC 特性曲线。可能出现这批次物料本应是合格的,但由于抽样的人手特别"毒",检出不良品而拒收;也可能由于正好没抽到不良品,本应是不合格的批次而误判合格。OC 特性曲线的官方定义:当用一个确定的抽检方案对产品批次进行检查时,产品批次被接收的概率是随产品批次的批次不合格品率变化而变化的,它们之间的关系可以用一条曲线来表示,这条曲线称为抽样特性曲线,简称为 OC 曲线)。

(2)项目上抽检。检验的客体有两个维度,一个是数量,一个是项目。很多人理解的抽检是数量上的抽检,其实 IQC 对抽检的样品物料也不是全项目检验的,也就是说检验项目也是抽检的。原因很简单,随便拿出一张图纸,有的标有上百个尺寸,还有一些性能测试,甚至有一些项目要求是破坏性的。这些特性有的对检验设备、检验环境、检验能力、检验时间都提出了很高的要求,这让时间有限、人员有限的 IQC 部门根本无法完成。我们企业常见的检验人员,主要靠眼睛(外观)和卡尺,外加 1~2 个性能设备完成检验,其实有很多项目是没检的。但 IQC 人员没有机会反馈这样的事实,而管理者对 IQC 专业也不懂,所以这个风险就被掩盖了。

(3)检验的可靠性还受检验人员的专业度、敬业度影响,而企业中 IQC 人员的工资水平普遍偏低,缺乏专业的管理人员对 IQC 人员做培训指导,IQC 人员的检验水准可想而知。

总结一下,你会发现靠 IQC 检验有点不靠谱。有了 IQC,就有了质量合格的物料，这基本上是不现实的。那么，IQC 的价值到底体现在哪里呢？关于 IQC 的价值，问个问题，你们的企业将 IQC 翻译成什么？是来料检验还是来料质量控制？

注意，如果你的企业将 IQC 翻译成来料检验，那么你们的 IQC 部门很有可能是一个被动执行检验的部门，一定会把标准往死里卡，检验在一个时间段内是必要的，但不增值。一个产品，无论多么精细的检验，也不可能增加任何产品价值，反而容易造成商品的损失。如果是来料质量控制，那么 IQC 部门就承担起了主动管理来料质量控制的职责，不仅会做好检验，而且一旦发现不合格，IQC 人员还要进行主动控制，将检验过渡到控制，将质量管控前移，并协助供应商提高内部质量控制水平，从而使供应链既能保证质量，又能提高效率。这样，IQC 也就真正服务于供应链，而不只是供应链的一个关卡。

供应链对 IQC 提出的要求

IQC 要想真正服务于供应链，就要对 IQC 提出一系列的要求，具体如下。

（1）IQC 要站在供应链的高度。IQC 的目的是保证供应商的来料是合格的，至于检验，只是达成目的的手段，如果供应商的能力与供货实绩没有问题，那么可以推行免检政策。如果站在供应链的高度，你会发现 IQC 人员放在自家企业里做检验是层次最低的，价值最小的。因为 IQC 人员在家里做检验，不合格品已经产生了，属于"死后验尸"，不能增值。而当发现不合格品时，生产线要么停线，要么得多备库存。但这两种情况企业都不想发生，怎么办？检验端口前移，IQC 人员进驻到供应商处进行检验，即供应商的物料经 IQC 人员检验后再出厂，保证送到我们企业的都是合格产品。从下图中可以看出，其实无论是 IQC 人员在自家企业里检验还是在供应商处检验，供应商的 OQC 已经对物料进行过检验了，再检验一次的必要性，只是为了验证供应商出货检验的有效性，如果是这样，那么提高供应商的出货检验能力，即保证从供应商端就不流出不合格品；提高制程保证能力，保证供应商不生产不合格品，这对整个供应链价值的贡献最大。

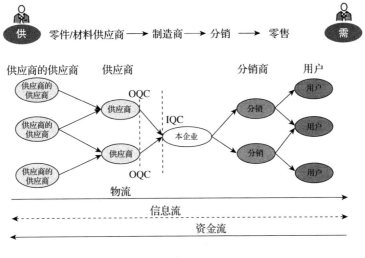

供应链质量检验示意图

（2）IQC 要有服务客户的理念。谁是我们的客户？我们的外部最终消费者就是我们的客户，即外部客户；下道工序相关人员，即生产人员，也是我们的客户，是我们的内部客户。服务于我们的外部客户时，我们是在为客户做验收，所以检验标准除了法律法规的要求之外，不可以教条。要遵从客户的视角理解标准，否则就会出现客户关心的，IQC 人员没管，客户不关心的，IQC 人员卡得死死的，影响效率。服务客户的理念，还在于下道工序相关人员是上道工序相关人员的内部客户，IQC 的下道工序是生产部门，给生产线按时提供合格的产品是对 IQC 的要求。IQC 人员不能只管检验，不能抱有停线与否与我无关的想法，而应主动承担服务客户的责任。我们当时是有要求 IQC 人员轮岗去产线工作一周的，以便能真正理解产线的标准与要求。

（3）与供方伙伴合作共赢的思维。供应商是我们最宝贵的资源，在不确定的年代，需要建立合作共赢的思维。不要以为是甲方就高高在上，殊不知大家只是分工不同，有的供方比我们还强势，需要关系维护。IQC 人员不可以以甲方高高在上的傲慢态度去处理供应商事务，善待我们的供应商，本着合作伙伴的态度，在保证质量的前提下，减少简单粗暴的全数批退措施。IQC 人员既要遵守原则，又要体谅供应商与采购同事的不易之处。

（4）主动提升各项能力。专业方面包括从检验到质量控制所需要的能力，包括对供应商检验系统建设的能力；在管理方面则要提升规划能力、沟通能力、协调能力。不仅自己能做到优化检验的流程，建立合理的检验标准，还能帮助供应商做到，这才是供应链时代的合格的 IQC 管理人员。

您离合格的 IQC 管理人员，还有多大差距？

IQC 升级路径图

最后,谈一下关于企业 IQC 升级路径图。我们按成熟度将 IQC 分为三个阶段,具体说明如下。

(1) IQC1.0 阶段,是初始级,关键词是**被动检验**。这个阶段因为不良品较多,所以企业设立了 IQC 部门,IQC 人员的主要任务是做检验,严防死守,防止不良品流进产线,发现不合格品后及时向主管汇报。但经常会有漏网之鱼,发生不良品流到产线的情况。

(2) IQC2.0 阶段,为发展级,关键词是**主动检验**。IQC 开始做流程优化,建立管理标准,打通 IQC 与其他部门、供应商之间的流程关系。如推行驻厂检验、飞行检查、第三方检测,并利用检具、限度样品优化检验时间,提高检验水平。

(3) IQC3.0 阶段,为领先级,关键词是**主动质量管理**。典型特征是 IQC 对内推行免检系统建设,符合条件的供方产品不断纳入免检,对外参与供方的质量控制过程,对供应商进行帮扶、帮助供方设计有效的检验系统,并建立质量预警系统。在供应链层级规划并帮助供方提升质量自主保证能力。

由 IQC4.0 阶段再向前发展,是彻底消灭 IQC 阶段,这部分实践较少,因为新品精密检查、新供方导入仍会发生,所以不在本书探讨之列。下表是 IQC 各阶段的汇总与对比。

IQC 各阶段汇总表

发展阶段	关键词	关键任务	工作内容
IQC1.0 初始级	被动检验	质量检验	检验标准、抽样方案、检验记录、标识标签、联络单
IQC 2.0 发展级	主动检验	质量控制	建立管理标准、流程优化、驻厂检验、检具、限度样品 并通过检验数据分析进行质量预警
IQC 3.0 领先级	预防	质量规划	推行免检系统、参与供方质量控制、培训并验收供应商检验系统,并站在供应链高度做物料质量规划,帮扶供方建立自主保证能力

可以先诊断一下你所在企业的 IQC 处在哪个阶段,这三个阶段的关系有点像 GPS,你在哪里(定位),要去哪里(目标),规划路线(导航)。IQC 发展的每个阶段都有各自的特征与典型的问题,方便企业对照进行自我定位。IQC 各阶段汇总表指出了下一个阶段在哪里,是什么;详细展开了企业在每个阶段的关键任务是什么,应如何做。企业可以据此规划属于自己的实施路径,然后开始导航,让 IQC 为供应链保驾护航,释放价值。

关于从 IQC1.0 到 IQC 3.0 的具体落地,我们将在随后章节分别展开。

第 2 节 IQC1.0 被动检验阶段

IQC1.0 是 IQC 管理水平的初级阶段,其关键词是被动检验。在企业的发展阶段,众多供应商开始批量供货,由于刚开始磨合缺乏经验，因来料不良引发的企业停线、返工时有发生，甚至造成外部客户投诉。企业管理层试图通过检验将不良品堵截在工厂门外，于是设立 IQC 部门，对物料进行检验，对质量进行把关。但我们必须看到，IQC 事实上很难承载这个使命：人少、工作量大，这个阶段技术部门制定的标准的合理性、采购部门选择的供应商的质量水准都缺乏强有力的支撑。因为要承担漏检的责任，所以 IQC 在标准执行上容易矫枉过正，有时会出现不切实际的质量标准，引发供应商的不满。在内部 IQC 只作法官、**只管检验**，哪怕造成生产线停线，或者是对异常批次的一律批退，这种简单粗暴的工作方法很容易引发企业内部的抱怨。

进料处理流程

供应商来料仓库先进行预入库，预入库是指物料还未正式入库，在等待 IQC 合格判定后再正式入库。由仓库通知 IQC 检验，在这个过程中，如果产线急需该批物料，物料不立即上线就会停线，那么这时 IQC 会启动并行检查，即物料上线的同时对该物料进行检验。如无法并行检查，则进入 IQC 进料检验阶段，其中检验会出现三种结果：一是物料合格，通知仓库正式入库；二是检验不合格，该批次拒收，通知供应商进行退换货；三是让步接收（或称之为特采），完成审批流程后正式入库。IQC1.0 进料处理流程如下图所示。

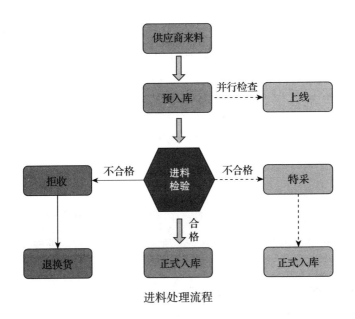

进料处理流程

让步接收（特采）尤其要引起企业重视。让步接收是指企业在基本质量保证的状况下，对产品的部分缺陷有限度、有评审地接收。让步接收又分为降级使用、挑选使用、返工使用等。一般来讲，让步接收是有代价的：降级等于产品差个档次。让步接收是有风险的，因为一些特采如果没有向客户申请或告知并征得客户同意，就是企业的私自行为，一旦被外界了解就会引发质量丑闻。很多世界500强出现的质量丑闻，其本质就是"特采"被曝光。

最怕企业将特采常态化，也就是进料批批特采，由采购做特采申请单，走特采审批流程。实际上连续特采3批以上，企业就得深入分析一下，是检验标准定得太高还是供应商能力不足？如果是检验标准定得太高，行业供应商都无法满足该标准，就得通过审批程序修改标准。如果是供应商能力不足，就应要求供应商限期整改；如果供方通过辅导还是无法满足要求，则要更换供应商，总而言之，企业不能将特采常态化。

IQC 的检验流程，可以分为四个步骤，具体如下。

（1）根据检验计划决定检验的数量。

（2）对样品进行检验。

（3）对批次进行判定。

（4）异常的后续联络处理，在该阶段，IQC 通常只是将异常情况汇报或联络给职能部门，很少对异常进行更进一步的处理与跟踪。

抽样技术

对来料的质量控制，企业最希望 IQC 全数检验。但全检的成本很高，而且全检后的产品质量也不能保证必然合格。原因很简单，真正意义上的全检是指对物料进行全部数量的全部项目进行检验，受企业环境、检验设备、检验人员数量与能力的限制，这是不太可能完成的任务。企业内部即便说全检，也往往指的是对全部数量中的个别项目进行检验。如果一个人去超市买一箱苹果，他告诉你已经全检了，你得这么理解，他可能用目视的方式检查了每个苹果的大小、颜色，也确认了每个苹果是否有腐烂或虫眼，但对最重要的口感指标，他并没有每个都咬上一口，来确定口感是否足够好。原因很简单，这项检测是破坏性的，超市作为供方也不可能答应。基于上述原因，企业对产品进行全检，通常会限定在以下情况之一的有限范围之内。

- 检验手段是非破坏性的。
- 法律法规要求对该项目进行全数验证。
- 漏检可能会造成人身事故或重大损失。
- 生产不稳定，不良率高，无法保证品质的重要特性。
- 自动化检验具有很高的可行性。
- 批量太小，失去抽检意义。
- 项目简单，检验不至于浪费大量资源。
- 为了了解该批的实际质量状况。

基于成本与风险的综合考量，抽检成为绝大多数企业 IQC 最常用的方法。抽样检验即从一个批量（简称 N，往往由不同的批次 LOT 组成），随机抽取抽样计划规定的数量样本（简称 n），对样本 n 按照检验规范进行全数检验，将检验发现的不良个数 d 与抽样计划的基准进行比较（**计数值的抽样检验**）；或者将各样品检验结果加以统计，以平均值或以不良率等与抽样计划中的判定基准进行比较（**计量值的抽样检验**），来决定该检验批次是否允收。

抽样检验存在不检验产品包含不合格品的风险，而全数检验又有成本过高的问题，在风险与成本之间需要寻求一个均衡，所以抽样检验在寻找一种经济的手段，满足一定的合格率。抽样检验往往适用于以下情况。

- 允许一定数量的不合格品存在。
- 由于是破坏性检查，不允许全检。
- 批量大、希望减少检验的时间和费用。
- 刺激生产者注意改进质量。

- 其他不适合全数检查的情况。

由于企业场景不同，所以有多种抽样方法。由于我们供应商的出货检验与IQC来料检验都在使用抽样方法，所以在这里有必要对抽样做个科普。本文试图以企业的场景、简洁的方式为大家讲解操作的核心，关于规范性的细节，大家可以去查阅相应的国际标准或国家标准。

IQC1.0最常使用的抽样计划有我国的国标GB/T 2828.1-2012、美国军工标准MIL-STD-105E，这两个标准的原理与抽样方案相似。在选择时可以依据：如果你的客户与供应商都在国内，则选用GB/T 2828.1-2012；如果你的客户或供应商都在国外，则使用美国军工标准MIL-STD-105E更便于沟通。注意，这两种抽样方案的产生背景都是物资紧缺、企业质量保证能力相对偏弱，所以对批次判定允收比较宽松，允许有一定的风险存在。道理很简单，在物资紧缺的年代，单位好不容易获得了一箱苹果，50个里面有2个烂的，是收还是不收？

场景：检验员小王要检验一批来料，总量 N 是1000，小王找到物料检验指导书，指导书规定了AQL=1.0，IL=Ⅱ，求正常一次抽样方案（n，A_c，R_e）。翻译一下就是，小王要解决按规定应抽多少个样品（n）的问题。样品行中不良数（d），为多少时可以允收（A_c）？不良数为多少时应该拒收（R_e）？

第一步，小王拿出检查水准表（如下表所示），查找1000，在批量范围501~1200之间。与一般检验水平中的Ⅱ级相交，得到字码表J。

检查水准

批量范围	特殊检查水平				一般检查水平		
	S-1	S-2	S-3	S-4	I	II	III
1～8	A	A	A	A	A	A	B
9～15	A	A	A	A	A	B	C
16～25	A	A	B	B	B	C	D
26～50	A	B	B	C	C	D	E
51～90	B	B	C	C	C	E	F
91～150	B	B	C	D	D	F	G
151～280	B	C	D	E	E	G	H
281～500	B	C	D	E	F	H	J
501～1200	C	C	E	F	G	J	K
1201～3200	C	D	E	G	H	K	L
3201～10000	C	D	F	G	J	L	M
10001～35000	C	D	F	H	K	M	N
35001～150000	D	E	G	J	L	N	P
150001～500000	D	E	G	J	M	P	Q
≥500001	D	E	H	K	N	Q	R

下面对如上的检查水准表做个说明：GB/T2828规定了特殊检查水平与一般检查水平。特殊检查水平适用于使用小样本的场合，如破坏性试验，或者非限规手段的尺寸测量等。一般检查水平广泛应用于批量检验，依严格程度不同的检查水平，分别是一般检查水平 I 级（放宽）、一般检查水平 II 级（正常）、一般检查水平 III 级（加严）。检验开始时，除非负责单位另有指示，一般采

用一般检查水平Ⅱ级（正常）。

Ⅰ级（放宽）、Ⅱ级（正常）、Ⅲ级（加严）之间可以转换，基本转换规则如下。

Ⅱ级（正常）转为Ⅰ级（放宽）的规定

（1）连续10批以上允收。

（2）车间内部生产稳定，各部门均认为放宽检验可取时执行。

Ⅰ级（放宽）转Ⅱ级（正常）的规定

（1）当一批放宽检验的产品拒收时。

（2）生产不稳定或延迟。

（3）各部门认为有必要恢复正常检验标准时。

Ⅱ级（正常）转Ⅲ级（加严）的规定

连续5批或5批中有2批出现拒收。

Ⅲ级（加严）转Ⅱ级（正常）的规定

连续5批允收。

暂停整改的规定

在加严状态下，再次累计5批拒收，品保部暂停此家供应商的供应，待供应商改进质量后方可恢复。

第二步，小王在第二张表格抽样方案表（如下所示）中，沿着字码J（上表查到的）所在行向右与AQL=1.0相交，得到$n=80$，$A_c=2$，$R_e=3$。小王明白，来的这次物料共1000个，要抽样80个，其中，如果2个及2个以内不良，则A_c（接收数≤2个）允收该批，如果3个及3个以上不良，则R_e（拒收数≥3个）拒收该批。

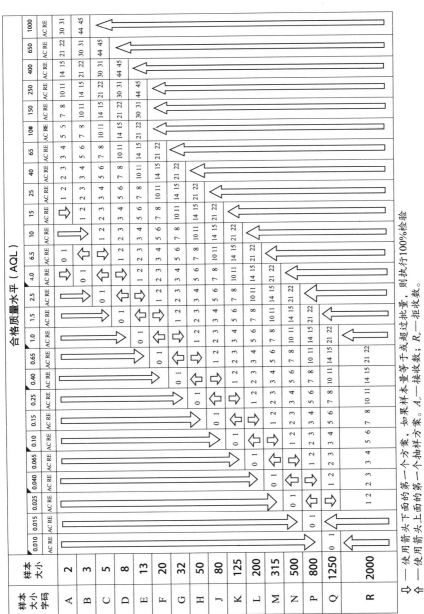

抽样方案表

抽样方案表使用说明：沿检查水准表查得的字码所在行向右，在样本大小栏内读出样本量 n，再以样本量字码所在行和指定的接收质量限所在列相交，读出接收数 A_c 和拒收数 R_e，这样就确定了要抽取的个数 n，对样品 n 进行检验，如果不良数 d 小于等于 A_c，则允收，如果不良数大于等于 R_e，则拒收。

AQL（Acceptable Quality Limit，接收质量限或合格质量水平），顾名思义，是指一个批量中客户能接收或容忍的最大不良限度。供应商提供的产品，平均不良率小于或等于 AQL 值，即小于 A_c（Accept，接受判定数）时应判定该批次允收；而当供应商提供的产品平均不良率大于 AQL 值，即大于 R_e（Reject，拒收判定数）时应判定该批次拒收。一个产品可能会对缺陷进行分类，这时针对不同的缺陷等级，可以规定不同的 AQL。AQL 数值越小，则允许的瑕疵数量就越少，说明对该品质的要求越高，越严格。

上述抽样，一共可分为两步：一是查得字码表，字码表与 AQL 相交；二是得到 $n(A_c, R_e)$。过程不是特别复杂，但真正操作起来，会有很多"坑"，很多老检验员也经常犯错误。下面我们再来举个带"坑"的例子。

【例】一批进料，批量 N=10 000，检验水平 IL=Ⅲ，AQL=10，请问检验员小王应抽多少，多少不良允收？多少不良拒收？即 $n(A_c, R_e)$ 应为多少？

请试着用上面的表格去求 $n(A_c, R_e)$。

请问你的答案是 315（21，22）还是 125（21，22）？

我相信有相当一部分读者的答案是 315（21，22）。

我们试着一起做一下。

第一步：N=10 000　IL=Ⅲ，查检验水准表，字码表为M，这部分一般没有多大问题。

第二步：查抽样方案表，M与AQL=10相交，遇到了向上的箭头。抽样方案表下面有个说明，遇到向上箭头时，使用箭头上面的第一个抽样方案。箭头上面的第一个抽样方案的正确理解是箭头所指行的第一个接收数A_c和拒收数R_e，然后由此接收数和拒收数所在行向左，在样本量栏内读出相应的样本量。

正确答案是125（21，22）。你做对了吗？

再来试一下下面几道题，练练手。

（1）N=3000　IL=Ⅰ　AQL=1.5

（2）N=3000　IL=Ⅲ　AQL=6.5

（3）N=10 000　IL=s-3　AQL=4.0

（4）N=800　IL=Ⅱ　AQL=0.40

（5）N=35 000　IL=Ⅲ　AQL=10

附上这5道题的正确答案（如下表所示），看看你是否都做对了。

测试答案

序号	题目	正确答案
1	N=3000　IL=Ⅰ　AQL=1.5	n=50　A_c=2　R_e=3
2	N=3000　IL=Ⅲ　AQL=6.5	n=200　A_c=21　R_e=22
3	N=10 000　IL=s-3　AQL=4.0	n=20　A_c=2　R_e=3
4	N=800　IL=Ⅱ　AQL=0.40	n=125　A_c=1　R_e=2
5	N=35 000　IL=Ⅲ　AQL=10	n=125　A_c=21　R_e=22

第三步：小王按指定的n=80去抽，这时一拖盘的货，几个箱子，怎么抽才科学？可不可以打开一个箱子抽80？在抽样计

划中对此往往没有特别的规定。我们的答案是不可以,抽样必须做到随机。如何理解随机?你可以将抽样想象成年终抽奖,大家将名字纸条放入抽奖箱中,抽奖人会对这个抽奖箱进行反复摇晃,来确保每个人都有机会被抽到。我们的IQC对物料进行抽样时,也应像抽奖一样,做到每个物料都有机会被抽到。

为了做到随机,IQC对来料可从层次抽样法、对角抽样法、三角抽检法、S型抽检法中选择一种进行抽检,下面是层次抽样法、对角抽样法、三角抽检法、S型抽检法示意图。

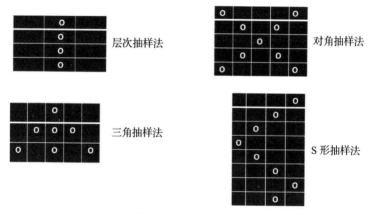

随机抽检方法示意图

告诉大家一个小秘密,一托盘的物料,如果只抽一个,应该抽哪个?最下层最里面的那个。为什么?一方面最下层的被压坏或撞坏的概率很大,另外一个原因是供应商如果想混进有瑕疵的产品,会藏在哪里?答案是最下层或最里面。

除此之外,小王在做抽样检查时,还要掌握以下四个原则。

(1)抽取的样品必须是来自于该批量,只有这样才能对该批量进行判定；如果样品不是来自该批量，那么样品的合格与否就不能作为该批次是否合格的依据。有人可能会说这不是废话吗？还真不是，张冠李戴的谬误在现实中大量存在。我们在媒体上经常会看到，某知名品牌商被曝出现质量问题，该品牌商为自证清白，往往会送样到第三方检测机构进行检验，凭第三方检测机构的质检合格报告证明自己没有问题。问题出在哪里？该品牌商送到第三方检测机构的样品并不能证明该样品来自于出问题的批次，而且有极大的可能是这批样品是被品牌商筛选过的，所以送检的样品合格并不能证明之前的产品质量没有问题。说句题外话，第三方检测机构出具的检验合格报告也不能证明该样品真的合格，原因很简单，第三方检测机构是对客户委托的检验项目做检验，至于未委托的项目，第三方检测机构是不检的，所以第三方检测合格报告不代表该产品合格。

（2）企业要对送检环节进行特殊把控。我在做企业咨询时发现，某企业由供应商送煤样到实验室检测，凭检测报告入库。这家企业的供应商送的煤样都是筛选过的合格的，而批量供货的煤都是降等级的，这就给企业造成了巨大的损失。所以抽样必须控制在自己手里，或者是自己抽样，或者是要经过充分验证，防止供方的样品不来自该批次或经过事先筛选。

（3）关于抽样数量，可不可以在标准之上多抽？不可以。因为抽样计划是经过大量试验而来的，如果你多抽就会破坏概率。所以要严格按抽样计划，让你抽几个就抽几个，多抽、少抽都不被允许。

（4）关于判定，大家一定要理解GB2828和美军标MIL-

STD-105 系列标准是建立在物资紧缺年代的标准，所以对供应商来料的判定往往会比较宽松，允许有一定概率的不合格品存在，只要低于 AQL 就会接收。但现在我们的企业面临着客户挑剔，生产线上不接受有缺陷的来料，所以我们的 IQC 抽样数量按标准，但判定时可以不按标准，往往不看 A_c 与 R_e，直接按 $C=0$（零缺陷）来进行判定。也就是一旦发现不合格，就对这批货进行拒收。一方面我们赞赏"零缺陷"的理念，另一方面我们也必须明白，我们并没有按标准判定，这样做会加重供应商的负担，对供应商并不公平，这是抽样方案本身带来的缺陷。如果供应商凭标准进行据理力争，IQC 人员不得打击报复。

检验与记录

正确抽检后，小王就要开始检验了。检验分为检查与试验，检查通常为尺寸与外观，试验则主要试验性能与材质。小王很擅长做检查，即对尺寸与外观进行检查，但由于检验设备与时间的限制，小王对性能和材质往往缺乏有效的验证。性能与材质的验证需要引起质量管理人员的重视。

下面是小王的具体操作步骤，首先，要确认供应商的单据文件，包括送检单、供应商出货检验报告和规定的其他单据，重点是要对供应商的出货检验报告的检验数据进行复核，这个操作常被忽视。小王对来料的外观进行检验，包括色差、破损、氧化、变形、毛边、缩水、披锋、丝印、划痕等。接着要对性能进行检查，还要进行组装试验，这些是基本项目，又称为常规检验。企业容易忽视的是专项检验，比如安全性和指定的特定项目，还有信赖性试验，而这两项往往会影响产品在市场上的售后服务，就是客户买回去时没问题，用一段时间会出现问题，引发客户抱怨和大量售后工作，甚至召回。这时就要核查专项检验与信赖性试验是否缺乏验证而导致售后问题。整个检验内容及顺序总结如下图所示。

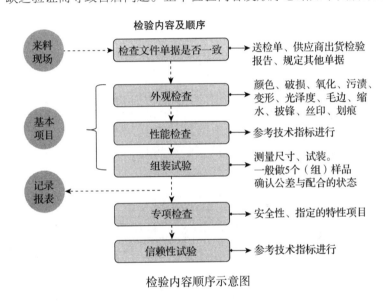

检验内容顺序示意图

检验后，记录在检验记录卡上，这里提供一个日本企业的来料检验记录卡的范本，如下表所示。这上面有检验产品名称、部品代码、供应商、P/O NO（订单号）、来料日期、来料数量、检验的年月日、检验的时间、部品外观检验的数量、检验的批次（LOT号），这些都是基本信息。在检验记录上，应登记物料名称、检验方式、检验水准、测定器（检验的工具）、检验规格，并开始记录实际数据。

检验记录卡范本

MODEL 机型	CODE NO 部品号	PARTS NAME 部品名称	VENDOR 供应商	Ver. 1.0
	P/O NO			
	纳入日期			
	纳入数量			
	检查年月日			
	检查时间			
	部品外观抽取数量			
	LOT NO			
特性名称	检查方式	检查水准测定器	检查规格	
图示:			备注	
			检查结果	
			最终判定	
			检查员	
			组长确认	

页码: 1/1

总结一下，IQC1.0 阶段是被动检验阶段，IQC 将自己定位成一个法官，但专业度不够、敬业度不够，所以容易变成供应链效率的一个制约因素。企业必须推动 IQC 效率化、专业化、主动化，这时 IQC 就进入了 2.0 主动检验阶段。

第 3 节　IQC2.0 主动检验阶段

如果说 IQC1.0 是在做检验业务，那么 IQC 2.0 就是在做管理，关键词是主动检验。IQC 开始做流程优化，建立管理标准，打通 IQC 与其他部门、供应商之间的流程关系。如推行驻厂检验、飞行检查、第三方检测，并利用检具、限度样品优化检验时间，提高检验水平。IQC2.0 阶段开始探索如何检验才能更好更有效率。

1. 优化检查作业流程

随着企业的发展，IQC 业务开始与供应商、仓库、品质保证部门、技术部门进行业务衔接，跨部门协作，这时规范并优化 IQC 的检查作业流程就开始变得很有必要。做 IQC 检查作业流程时，一个维度是业务内容，通常可分为两种流程：对新物料的全尺寸精密检查作业流程与批量合作的来料检查作业流程。另一个维度是部门维度，即 IQC 与供应商、仓库、品质保证部门、技术部门之间的权责与流向。下面为大家提供一份来自一家日本企业（我的老东家）的 IQC 来料检查作业流程。文字不多，全是具体的操作流程。这也是为了避免文字描述引发的权责交叉或权责盲区问题。

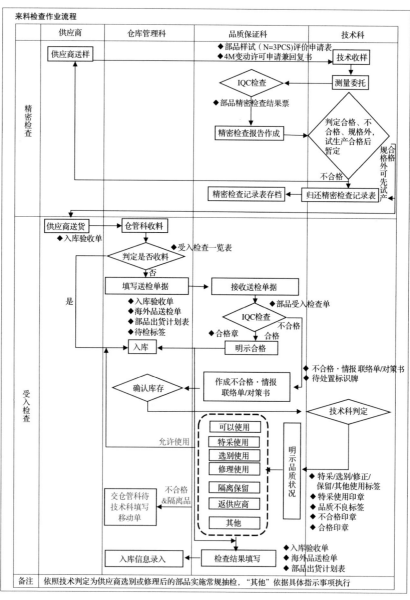

来料检查作业流程图

2. 加强了检验过程中的跨部门合作

IQC2.0阶段，企业开始注意跨部门合作的流程优化，并将其各部门的需求与供方进行有效沟通。目的是减少跨部门、供方之间的信息失真。

下面列举一个企业案例进行说明。

某公司IQC经常受供方来料标识困扰，企业将供方的来料分为四种状态：合格、特采被批准（让步接收）、4M变动的产品、免检的产品。供应商往往会忘记标识对应的状态，IQC人员需要翻找，而且还不能确定是哪一箱。另外，有的供应商还忘记贴外包装上的标签，接收来的物料就连仓库也不知道是什么，对此，大家烦不胜烦。还有一种情况是虽有标签，但不统一，IQC检验员每次去寻找想要的信息都得浪费一些时间。

对于上述问题，IQC主管决定进行合理化改善，即对供应商周转箱交货票进行统一规定，并结合公司仓库、采购的各项需求，直接做好格式，发给供应商，并于一个日期统一进行切换（如下图所示）。

一个小标签，使得供应商的交货票与我们企业的业务流程完美结合，解决了对供应商的一堆抱怨。当然，现如今二维码技术已经成熟，如果现在改善，则会将二维码标签结合进去。

```
********有限公司
TEL: ************************
FAX: ***************************
Email:

JHF
FAX

收件人：各供应商                发件人：姜宏锋
传真\电话：依厂商名录            页数：    1
抄  送  相关人员
                                日期：
主  题：本地部品周转箱交货票的统一规定   确认：         批准：
```

各供应商：

感谢平日对我司工作的大力支持。为明确各供应商交货品的**品质区分**，及方便物流人员对进货品实施**先进先出管理**，基于上述 **2** 个目的，我司对各供应商交货票进行统一规定，请各公司按格式和要求事项在 **5** 月 **20** 日前进行切换，如有困难，请务必及时通知我司。

1.交货票格式

采购订单号（PO）		数量（QTY）	
部品名：（PART NAME）			
部品代码（PART CODE）			
品质区分：	☐合格 ☐特采 单号： ☐4M 变动 单号：	检验者： 批号（LOT） 特记事项	EQ-ZD 盖章
公司名称：		交货日：	

2.填写范例及说明：

采购单 PO	2001XXXXX	数量（QTY）	80/1600
部品名：（PART NAME）	COVER UPPER		
部品代码（PART CODE）	1 3 2 4 0 7 9 - 0 0 L S		
品质区分：	☐合格 ☐特采 单号： ☐4M 变动 单号：	检 8(或盖章) 批号（LOT）P0082256-28 特记事项	EQ-ZD 盖章 IQC EQ-ZD免检
公司名称：***电子有限公司		交货日：2001-12-30	

> 80 为此箱数量，1600 为定单总数量

> 非 EQ-ZD 可空白

> 交货安排表所要求的交货日期

如有任何不明或不可接受之处，请即与联系

----------------以上----------------

供应商交货票统一规定范例

3. 升级了抽样计划

IQC2.0 阶段已开始升级抽样计划。

某家知名的企业,对供应商的来料检验的抽样计划进行了如下评价,评分标准具体如下。

- 0——没有正式的抽样计划。
- 1——抽样计划不连续,并且没有注明抽样数及合格判据。
- 2——抽样计划是以 MIL-STD-105E 或类似的抽样计划为标准,并持续使用。
- 3——抽样计划一般是以 MIL-STD-105E 为标准,而一些重要的特性已使用"零缺陷"($C=0$)为标准。
- 4——以"零缺陷"($C=0$)为标准的抽样计划已被持续使用。

其中,0~2 级属于 IQC1.0,3~4 级,尤其是 4 级,以"零缺陷"($C=0$)为标准的抽样计划已被持续地使用,属于 IQC2.0 的要求。那么"零缺陷"($C=0$)的抽样计划到底是什么呢?

在国际上,当下最通用的"零缺陷"抽样标准,来自美国军工标准 MIL-STD-1916。美国军方用 MIL-STD-1916 取代 MIL-STD-105E,作为采购时主要选用的抽样标准。MIL-STD-1916 标准以"零缺陷"为理念,认为抽样检验并不能控制与改善品质,生产品质源自于适宜的过程控制方法,当此方法发挥效用时,抽样检验可视为次要的程序和不必要的成本浪费。MIL-STD-1916 鼓励供应商通过建立品质预防系统、有效的过程控制,来替代最终产品检验的抽样方式。基于这些理念,MTL-STD-1916 抽样计划的设计更简洁,抽取的数量相对于 MIL-STD-105E 抽取的数量要少很多,但一旦发现不合格即批退。

MTL-STD-1916 与 MIL-STD-105E 抽样标准的不同之处，主要有以下几点。

- 一套标准对计数、计量及连续性抽样作业均适用，查检表数量大为减少。
- 抽样计划以单次抽样（含加严、正常及减量）为主，删除双次与多次抽样。
- 抽样以"0 收 1 退"作为判定标准，强调不允许不良品存在。

那么，MIL-STD-1916 又是如何实现简单抽样的呢？以企业最常用的计数值抽样为例。MIL-STD-1916 简单抽样可以分为以下几个步骤。

（1）根据品质要求指定不同等级的验证水平 VL（共有 7 个等级，如下表所示）。往往是在合约或产品规格中指定验证水平等级，根据批量大小与验证水准决定样本代字 CL。比如，检验员小王使用 MIL-STD-1916 标准，接收了 5000 个物料（批量），规格指定验证水平为中间的 Ⅳ，两个参数相交处可得到样本代字 D，如下表所示。

样本代字（CL）对照表

批量	验证水平（VL）						
	Ⅶ	Ⅵ	Ⅴ	Ⅳ	Ⅲ	Ⅱ	Ⅰ
2～170	A	A	A	A	A	A	A
171～288	A	A	A	A	A	A	B
289～544	A	A	A	A	A	B	C
545～960	A	A	A	A	B	C	D
961～1632	A	A	A	B	C	D	E

(续)

批量	验证水平（VL）						
	Ⅶ	Ⅵ	Ⅴ	Ⅳ	Ⅲ	Ⅱ	Ⅰ
1633～3072	A	A	B	C	D	E	E
3073～5440	A	B	C	D	E	E	E
5441～9216	B	C	D	E	E	E	E
9217～17 408	C	D	E	E	E	E	E
17 409～30 720	D	E	E	E	E	E	E
≥30721	E	E	E	E	E	E	E

（2）计数值抽样计划（如下表所示）的验证水准 VL 和样本代字 CL 决定了产品的抽样计划，即抽样数量为多少个。小王用 D 与验证水准 Ⅳ 相交，得到样本大小为 160 个，即抽样数量为 160 个。计数值抽样计划表的验证水准 VL 实际上可分成正常检验、加严检验与减量检验 3 个阶段，除非另有其他规定，VL 值以正常检验 Ⅳ 为起始，会依据检验批的合格与否依据规则进行转化。加严检验的偏向表的左边，减量检验的则偏向表的右边。

计数值抽样计划

样本代字（CL）	验证水准（VL）								
	T	Ⅶ	Ⅵ	Ⅴ	Ⅳ	Ⅲ	Ⅱ	Ⅰ	R
	样本大小								
A	3072	1280	512	192	80	32	12	5	3
B	4096	1536	640	256	96	40	16	6	3
C	5120	2048	768	320	128	48	20	8	3
D	6144	2560	1024	384	160	64	24	10	4
E	8192	3072	1280	512	192	80	32	12	5

（1）若批量比样本量小，则 100% 检验
（2）加严检验在正常检验 VL 左边之隔栏，减量检验则为右边之隔栏

（3）验证水准 VL 会随着检验批的合格与否在正常检验、加严检验与减量检验中依规则转换。转换规则如下表所示。

转换法则总结

转换法则	转换条件
正常检验转换加严检验	最近 2～5 批中有 2 批被拒收
加严检验转换正常检验	不合格件的原因已纠正，并且连续 5 批被允收（同时满足）
正常检验转换减量检验	须同时满足： A. 连续 10 批被允收； B. 生产处于稳定的阶段； C. 品质系统正常运作，且表现为被政府机构或顾客认为满意； D. 政府机构或顾客同意减量检验，方可进行
减量检验转换正常检验	当发生下列任一条件时： A. 有 1 批被拒收，即连续性抽样时，有任何不合格被发现； B. 生产情况不规则与延迟； C. 品质系统运作表现被政府机构或顾客认为不满意； D. 政府机构或顾客因其他生产条件之故，认为应回复正常检验

下面向大家举一个具体的转换实例，从中你会看到抽样等级会在正常、加严中的转换。如要进行减量检验，则还要得到政府机构或顾客的同意，方可进行。

下表为计数值抽样检验范例，其中，不合格件数是指实际抽出的不合格数，品质判定人员发现不合格产品该批就会被拒收，下批抽样等级会依规则进行调整。

计数值抽样检验范例

批号	批量	样本代字	样本大小	不合格件数	品质判定	抽样等级	备注
1	5000	D	160	2	拒收	正常	开始为正常检验
2	900	A	80	0	允收	正常	

(续)

批号	批量	样本代字	样本大小	不合格件数	品质判定	抽样等级	备注
3	3000	C	128	1	拒收	正常	最近2~5批中有2批不合格，下一批将加严检验
4	1000	B	256	0	允收	加严	采用Ⅳ左边Ⅴ之样本大小
5	1000	B	256	0	允收	加严	
6	900	A	192	0	允收	加严	
7	2000	C	320	0	允收	加严	
8	2500	C	320	0	允收	加严	过程已得到纠正，连续5批均允收，下一批转正常检验
9	3000	C	128	0	允收	正常	回到Ⅳ之样本大小
10	5000	D	160	0	允收	正常	

可以看出，以MTL-STD-1916为代表的"零缺陷"抽样方案，鼓励供方进行预防性品质体系与过程控制，少抽严判，与供方争议较少，符合客户对"零缺陷"的追求，所以建议条件成熟的企业升级抽样方案。

4. 升级检验标准

很多家企业IQC进行的"检"有余，而"验"不足。反映在具体的操作上就是天天做常规检验，但忽视了型式试验，从而留下质量隐患。所谓型式试验，是指对产品质量进行全面考核，对产品标准中规定的技术要求全部进行检验（必要时，还可增加检验项目）。可以这么理解，检验项目只是型式试验的一部分，而型式试验的成本往往比较高，还有一些项目要对检验品进行破坏，所以型式试验应在以下环节展开。

- 新开发供货厂家首次供货时。
- 新产品试制时。
- 工艺或材料有变动时。
- 正常稳定使用时，每年进行一次。
- 技术质量控制部门认为有必要时。

如果自身做型式试验条件不足，则可委托专业的检测机构来完成。

那么，委托第三方专业检测机构应由供应商来委托，还是由客户自己来委托呢？

从实践上讲，我们建议由企业的 IQC 自己来抽样，送给第三方专业检测机构来进行检验。我曾遇到过供应商为成本考虑，伪造第三方专业检测机构的报告或对检测报告进行修改的作弊行为，这给供应链的质量管控埋下了巨大的质量隐患，所以对供应商的来料做型式试验，抽样送检这个环节，建议由本企业的 IQC 来进行。

这个阶段，还会考虑驻厂检验，即将检验人员派到供应商出货处去检验，保证供应商送来的物料都是合格的，这是检验地点的转换，也是一种质量理念的转换，即从**入厂检验**变成**检验入厂，以保证不良品不流进本企业**。

5. 升级管理报表

IQC 开始统计各种检验数据与管理报表，为管理者做决策，并对供应商的质量问题进行反馈。这个阶段，供应商品质月度评价就变得非常关键了。供应商品质月度评价通过月度把握供应商品质状况，公平、公正地评价供应商等级，使其适应竞争机制，提高品质意识，推动供应商物料质量改进，促进企业总体品质目标的达成。下表是不一份不错的评价表格，可供参考。

供应商月报范例

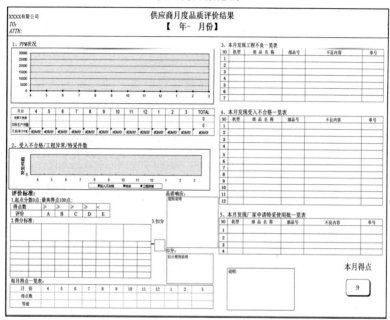

该表对质量检验的 PPM、受入不合格、工程异常、特采件数等进行统计，并在每月都与供应商进行沟通，让供应商的质量绩效能够得到及时的反馈并督促供应商及时改进。

IQC2.0 阶段，优化了检查作业流程，加强了检验过程中的跨部门合作、升级了抽样计划与检验标准，并开始通过管理报表进行信息的反馈与沟通，使检验工作更有效率，更有成效。IQC2.0 阶段相较于 IQC1.0 阶段取得了一定的进展，但这些改进仍然不够。

第 4 节　IQC3.0 主动进攻，免检阶段

检验最大的成本是什么？有人认为是人力资源上的成本，IQC 人员的工资福利只占检验成本中很小的一块。凡是检验，都需要检验工具与设施，这是固定资产投入；凡是检验，都意味着物料的等待，由于结果未定，企业需要为检验时间与检验结果多准备一倍的库存；凡是检验，都意味着质量管理权责的转移，即我制造，你检验，出现漏检，第一棒往往打向检验。我曾见过会议室上，生产部的部长趾高气扬地对质量部的部长说："最近我们公司产品质量经常被客户投诉，你们质检部怎么搞的？"这是什么逻辑？出了问题与制造者无关，与检验者有关，这种理念的形成，其实是检验工作最大的浪费。

检验属于"死后验尸"，并不会提升产品质量，也不能保证送到产线上的物料 100% 都是合格的。越来越多的大企业看清了问题的本质之后，开始推行免检制度。免检制度依赖于供应商的自主品质保证能力，客户不检验也能保证是合格的，客户可以直接上线使用。那么，免检存在风险吗？答案是肯定的，但是有路径、有途径实现风险控制。汽车作为与人类生命安全息息相关的一个产品，很多汽车企业都是推行免检制度的，也就是当供应商的物料到达时，直接上线使用。当我写本章时，丰田的张敬老师对我说，他在丰田工作的 15 年中，丰田是没有 IQC 这个部门的，丰田一直推行的是免检和前期质量策划与过程控制。但对大多数企业来说，推行免检，还是要控制风险的。这里为大家提供一个免检的路径图。

（1）**正本清源，明确概念**。免检，是指企业以零不良率为品

质目标,通过供应商的品质保证及管理系统的建立,由供应商对产品品质进行自主保证,产品品质依赖于供应商的品质自主保证,企业对导入免检列表的产品不进行受入检查,可直接上线使用。免检,因为存在风险,所以要把概念说清楚,并不是不控制风险,而是从更高的维度来做质量控制。

(2)**帮助供应商建立可信任的出货检验系统,保证不合格品不外流**。出货检验系统重点围绕着供应商出货检验报告、供应商检验指导书、供应商检验人员能力、供应商检验工具系统来开展。供应商的出货报告是一个抓手,很多企业的IQC在检验前并不会查看供应商的出货检验报告,但如果推行免检,则必须先将供应商的出货检验报告做实。查看供应商的出货检验报告时,首先查看检验项目是否覆盖了企业的来料检验项目,如果没有覆盖则需要供应商将遗漏项目加入进来。紧接着查看供应商的检验人员是否有能力正确检验,检验标准与方法是否正确?最后,一定要看供应商的测量系统是否可靠?看供应商的出货检验系统不能只看供应商标签,而要用反校的方法,即拿着标准件用供应商的测量工具进行测量,看是否有测量差距以验证供应商检验系统的可靠性。这里列举一个生活中的案例:大家在街边买水果,又担心对方的秤不准,这时如何对卖家的秤进行测量系统验证呢?方法很简单,用一个标准件,比如随身携带的手机事先称重,把手机放在对方的秤上,如果读数一致则代表对方的称是准的。

(3)**将IQC人员派驻到供方处,让其帮助供方建立质量管控体系**。下表是国内一家家电企业对派驻人员的要求,在此列出以供参考。

二、主要岗位工作职责：

派驻人员的要求表

序号	工作项目	职责内容	市场目标	可利用资源	考核标准
1	供应商部件出厂质量管理	(1) 对供应商的零部件进行出厂把关，即查看受检放行检查 (2) 审查供应商的制程和质量体系，提前发现可能引起零部件不良的因素 (3) CQM 和 FQA 的培训、考核、认证 (4) 标准化的统一 (5) 计量仪器（R&R）对比	推动供应商对不良品买单、买断，完善推进供应商质量体系，降低质量损失	SGS、UL、DNV、TUV、物流、IQC	入厂和现场的不良率降低，详见 SQE 经理月度目标星级考核
2	供应商产品不合格不下转，不生产	(1) 供应商体系审核 (2) 源检验/POKA-YOKE (3) 不良品管理 (4) 标准化操作 (5) 目视化管理	提高供应商质量管理体系，培训 CQM，不合格报物流淘汰	SGS、UL、DNV、TUV、物流、信息平台	重复不良问题买断，CQM 培训认定，详见 SQE 经理月度目标星级考核
3	入厂、现场、市场重复问题协助推进供应商买断	(1) 9-S 培训 (2) CQM 培训淘汰 (3) 派н检验 (4) 供应商沟通会	对入厂、现场、市场重复问题，协助推进供应商买断，解决部件不良问题	SGS、UL、DNV、TUV、IQC、检测信息平台	定向订单完成，重复不良问题买断，详见 SQE 经理月度目标星级考核

（4）**帮供应商改善测量工具和测量方法**。对供应商的要求越多，你得到的可能就会越少，所以应帮助供应商操作简单化。在帮助供应商简单化方面，检具与限度样品、防呆装置使用越多，效果越好。举个例子，对于一个三孔转接器（插座），你会发现除了常规尺寸，还涉及了三个孔的位置度和高度，这三个孔的高度还不相同，供应商检验起来非常复杂，后来企业SQE做了一份检具，将这个问题简单解决了，见下图。

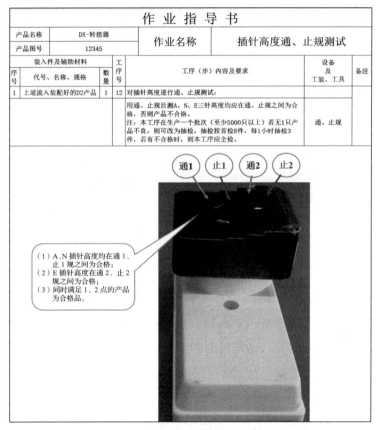

检具使用指导书

就一步，将产品插入止规（自制检具）用通、止规目测 A、N、E 三针的高度均在通、止规之间为合格，否则产品不合格。

（5）**供应商的过程控制能力和前期预防能力，集中表现在供应商的 Cpk 上**。通过 10±0.2 的关键特性尺寸，一开始就引导供应商关注 Cpk 的能力，要做到 Cpk≥1.33，即 4Sigma 的水平。我们在企业的具体操作上，告诉供方开模具时，别按 10±0.2 开，因为是关键特性，要按 10±0.2/3 来开。如果在预防上做到位了，你就不需要批批检验了。如果前期预防没做好，那么做过程控制 SPC 时，针对这个关键特性，就要要求操作员定期画出控制图，控制图不仅能帮助操作员判断是否合格，还能看到趋势。

总结一下：最好的质量管理是供应商自主保证，但是客户要帮助供应商建立这种能力。

下面讲一个发生在我（姜宏锋）身上的故事，说一下我在日企工作时是如何管理 IQC 的。

我在日企做了 8 年，原本我负责技术，但因为突然发生越来越多的供应商物料出现异常并流入生产线的情况，我开始经常抱怨 IQC 把关不严，使不良品流到后续工序，并建议公司要加强 IQC 能力建设。有一天，我接到通知被调去管 IQC。当时，IQC 一共有 7 个小姑娘，都是从中专学校招过来的，日本总部派了一个检验员做了为期一周的培训，她们就开始上岗了。

我到 IQC 的第一天，就有一名 IQC 员工提交了调岗申请，要求调到仓库去，原因是 IQC 工作压力太大，因为日本企业强调下道工序是上道工序的客户，IQC要对生产线负责，要保证生产线有合格的物料可使用，但公司推行精益和零库存，供应商最多一天要送8次货。事实上，IQC一旦发现产品质量不合格，再通知供应商来处理已经是不可能的了。通常只能由IQC进行选别、修理，再上线。当时IQC有各种各样的修理工具，IQC还有一个恒温恒湿槽，我原以为是做实验用的，后来才发现主要是由于一些塑胶件会出现变形，恒温恒湿槽是用来加热整形的。由于要检验还要处理异常，IQC的加班非常多。但由于人少，批次多，经常还是会出现不合格品流入产线，生产线对IQC意见很大，甚至发生过生产线的线长将IQC门一脚踹开，要求IQC跟着生产线一起返工的冲突事件。理由是IQC你们判合格的物料，我装配了OQC检验说不合格，让我们返工。除此之外，IQC还承担着新品的精密检验工作，凡是有新品供应商送样，IQC必须派专人对该样品进行全面的精密检查，这个非常耗费人员和时间，IQC还要参与不合格品的纠正与预防，并完成其他后续的处理。那时我终于能理解这个IQC检验员为什么会提出调岗了，我经历了这家企业的IQC工作之后，做咨询时看到别家企业的IQC处于高高在上的主导地位时又是羡慕嫉妒恨，又觉得不可思议。

由于我刚调过去，这名员工就提调岗对工作影响不好，于是我好言相劝：你先等一等，IQC毕竟算技术工种（工资是按操作工给的），我们对工作量分析、优化一下，过一两个月如果你还是觉得工作压力很大，你再申请调岗也不迟。

我们就进行了工作量分析。

首先，精密检验是刚性需求，去不掉的。因为所有的精密设备、投影机、三坐标都在 IQC，也只有 IQC 的员工会操作，所以这部分工作是必须要做的。我们的优化措施是供应商送样时必须带着他们的精密检验（全尺寸）报告。

最占时间的是每批物料都要进行检验。但检后我们不能保证所有物料都是合格的，并不能给企业增值，因此这部分工作是可以优化的，于是我们做了一个决定，将检验工作前移，凡是供应商来料，必须附带供应商的出货检验报告。原来供应商参差不齐，有的供应商会带齐规范的报告，有的供应商的报告则很简陋，有的供应商甚至不提供，现在规定凡不提供出货检验报告的，仓库一律拒收。紧接着对供应商的出货检验报告进行分类，分给专职检验员对出货检验报告进行全面复核，主要验证供应商的出货检验报告是否覆盖了 IQC 的所有检验项目，如果没有则要求供应商补齐。接着，对供应商出具了合格的出货检验报告并且连续 20 批物料合格的，导入免检。供应商已有连续 20 批物料合格的，代表其已有证据证明供应方有免检能力。背后的逻辑是，反正我们检与不检都有可能在生产线中出现异常，那就对风险较低的先导入免检，这样我们就可以解放出人力，进行质量的前期预防工作。由于推行精益生产，有体系化的供应商送货批次很多，连续 20 批合格的物料也越来越多，免检品越来越多，这样我们就从每天的常规检验当中解放出来了。为了安抚生产线，我们的口号是免检不免责，即生产线出现了物料质量问题，仍然是我们 IQC 的责任，我们仍然会去处理，这样生产线也就没有了反对的声音。

然后，是对标准的理解与统一。以前经常发生这样的情况：供应商判为合格品的，到达我们 IQC 部门却判不合格品，退货后，供应商仍然认为该产品是合格的。这就是对标准理解不统一造成的。为了保证我们与供方标准的一致性，IQC 派检验员到生产线，理解后续工序对物料的真正需求是什么，物料是如何装配的，核心功能是什么。在真正理解标准之后，将供应商的出货检验人员请到我们公司，进行检验标准培训，我们将这个过程称为技能比武。在培训中，也发现存在我们 IQC 人员的操作方法是错误的情况，我们也进行了改正。在后期培训时，我们都要求供应商的人先操作，我们的检验人员再进行复核，如果发现有差异，则先在公司内部进行讨论，如果认为确实是供应商的问题就及时指正，我方问题就按供应商的标准修改，这样，我们和供应商的标准就统一起来了。

最后，就是对供应商进行现场辅导，到供应商处，首先验证供应商的出货检验报告是否真正在执行。按三现要求，到现场、拿到现物、掌握现实，观察供应商的实际测量。对供应商的出货检验人员进行考试，考试合格后，颁发我们企业认可的合格资格证书，建立供应商合格检验人员名录。后期我们要求供应商的出货检验报告不准盖检 1、检 2 或直接盖合格章，必须有经我们授权的合格的出货检验人员签名。注意这是一个小技巧，因为国内员工对签名是非常在意的，一旦签名就意味着可以追溯到他们的责任，所以他们会非常认真地做检验。

为了让供应商能做得更好，IQC 还对供应商进行了产线上的辅导，为了防止混料，包括供应商产品的合格品区、不合格品的区域隔离都画出了专属区域并做出标识。对供应商的基层管理干部，包括生产、技术、品质三个部门的核心人员进行质量管理和质量意识方面的培训。在培训过程中，供应商渐渐认可客户对质量的严谨态度的与要求，供应商出了质量问题也不再隐瞒我们。出现问题之后，我们也愿意帮助他们解决问题，而不是事后追究责任，所以双方的关系也就越来越好。

在此基础之上，我们还召开了供应商大会，向供应商分发了供应商品质保证手册，将检验、生产过程中出现的问题进行了列表化处理与解决方法汇总。为了传递正能量，我们这本手册的纸张都是精选的，至本书截稿时已快过去 20 年了，我们这个手册仍然是崭新如初，去供应商现查办公室，令供应商也仍然留存。

推行免检的过程并不是一帆风顺的，会遇到一些"坑"。由于供应商产品连续 20 批合格，因此我们将其导入免检。在物流上，由于供应商来料，免检产品和待检产品不能区分，仓库抱怨这加重了他们的的工作量，所以，IQC 要求供应商的产品如果是免检的，那么供应商要在外包装上加盖免检章，仓库库核对后直接拉到免检区，所以我们需要通知供应商哪些产品是免检的。有一次，我们去供应商现场稽核，要求供应商提供出货检验报告，供应商一脸惊愕地说："你们不是已经通知我们免检了吗？"那一刹那，我们心慌了："我们通知你们的是我们不检了，你们怎么也免检了?"原来两边都检,免检后两边都不检验了。针对这个问题,双方协商后做了改善:一是即使是免检产品,供应商仍然要提交出货检验报告给我们备案;二是我们在通知时应告知供应商,客户导入免检,拜托贵公司加严检验,如在产线上出现任何质量问题,都是供应商的质量责任。

这个过程给了我很深的启示,与供应商沟通时,一定要考虑供应商的理解程度。后期我们将凡是出现专业术语的地方,都添加了名词解释,并努力做到与供应商沟通时不讲英文,不说缩写。

这就是我在IQC的日子,压力很大,刚开始每晚上都不能入眠,后来想开了,出事怕什么,该怎么解决就怎么解决吧。现在非常感谢那段时光,感谢当时领导把我调到那个位置,让我从技术岗位转到了IQC,从IQC转到供应商管理,让我与供应链管理有了连接点。

所有的挑战、所有的困难,都是世界给你的一个机会,一份礼物。你要做的,就是打开这份职场礼物并接受。

第5节 学以致用

学

请用自己的语言描述本章的要点。

思

描述自己企业的相关经验与本章带来的启发。

 用

我准备如何应用?我希望看到的成果是什么?

会遇到哪些障碍?

解决障碍有哪些方法、措施、资源?

第 8 章

供应商绩效提升

美国管理大师彼得·德鲁克说过:"没有考核,就没有管理。"采购方要想管好供应商,就得设立相应的绩效考核机制。

考核并不是目的,只是管理的手段。要想使考核长期有效,就必须针对考核结果制定相应的措施。恩威并施,奖惩分明才能促使供应商绩效持续向好、向高发展。

在依据制定的考评制度进行考核,并针对考评结果采取相应改善措施以后,供应商管理流程(见下图)的 PDCA 管理循环就形成了。

本章主要介绍如何制定供应商考评制度,如何利用考评结果提升绩效,以及在供应商绩效提升方面常见的问题及解决方法。

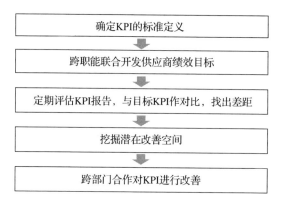

供应商管理流程

第 1 节　供应商绩效考评制度

考核目的

供应商绩效考核主要是为了了解供应商的表现，促进供应商改进，在系统层面减少各种问题，并为供应商建立、优化提供依据。

考核对象

供应商绩效考核，主要针对已经认可的（已进入 AVL 清单的），并已批量供货的现有供应商。

一家公司可能会有上百家甚至上千家已经批量供过货的供应商，那么是否要对全部供应商都进行考核呢？答案是没有必要。比如，医药行业巨头著名的拜尔公司就只针对占其采购额前 80%

的供应商进行考核。选择的指标包括采购的数量、材料或服务的战略重要性、关键市场与关键供应商以及改善的空间。这样既不会漏掉重要的、关键的供应商，又能做到有的放矢，将有限的资源合理分配到必要的地方。

实施考核

供应商绩效考核，从根本上说，不管是定性的，还是定量的，都是数据驱动型的评估流程。现在很多电子商务服务商会为供应商绩效考核提供一些标准的组合。

1. 确定标准的 KPI

要想使供应商考核能够为采购、质量、供应链服务，就得通过跨部门组成的小组联合制定相关的 KPI。

例如，世界著名气动工具公司费斯托集团，就是通过对质量、交付与软性指标 3 部分进行考核。

- 质量指标分为 PPM 和投诉率 2 个子项目。
- 交付（物流）又分为按时交货率、VMI（供应商管理库存）交货比例、物流投诉数量 3 个子项目。
- 软性指标又包括：新产品表现、技术能力、反馈速度、成本、承诺、环境管理和审核符合性等。

2. 设定权重

定义完 KPI 以后，还得对不同的项目定义相应的权重，突出重点才能使考核变得更有意义。下面还是以费斯托集团的供应商绩效考核为例,如下图所示:质量占42%,其中PPM占25.2%,投诉率占16.8%;交付(物流)占18%,全部为按时交货率(供应商提前5天交货以按时交货);软性指标占40%,其中新产品表现占10%,技术能力占5%,反馈速度占5%,成本占10%,承诺占5%,环境管理占2.5%,审核符合性占2.5%。

项目	子项	占比	
质量	PPM	25.20%	42%
	投诉率	16.80%	
	质量投诉	0.00%	
物流	按时交货率OTD	18%	18%
	ICH交货能力	6.30%	
	物流投诉数量	2.70%	
	直接供货比率	2.70%	
软性指标	新产品表现	10.00%	40%
	技术能力	5.00%	
	反馈速度	5.00%	
	成本	10.00%	
	承诺	5.00%	
	环境管理	2.50%	
	审核符合性	2.50%	

费斯托集团供应商绩效考核比重图

3. 签订目标协议

在定义完相关的 KPI 和权重以后，需要与选定的供应商签订目标协议。只有供需双方都认可评估的内容及相关目标时，考核才有意义。一般目标协议以年为单位签订，目标的制定将结合公司整体质量水平的要求及供应商往年的表现综合考量而得。

4. 实施考核

供应商绩效考核，应定时进行，以便进行有效监控。实行的周期，不同的公司有不同的规定。有的公司实行的是月度考核，有的则是周度考核。

大部分企业已经可以在信息管理系统中实现对供应商考评的自动化管理（如下图所示）。如刚才提到的费斯托集团就采用了 SIS（Supplier Information System，供应商信息系统），供应商只要在客户端输入其给定的账号便可以实时查询其在客户端的真实表现。

供应商业绩管理系统

如何有效运用供应商绩效考核的结果进行供应商管理呢？下一节将对此话题进行详细阐述。

第 2 节　供应商绩效有效提升之正激励

供应商绩效管理，考核是基础，流程是依据，改善与辅导是手段，提升是结果，客户满意是目的。

之所以要进行供应商绩效的提升，是因为供应商的实际表现与既定的目标产生了差距。在此，我们必须要强调的一点是，这里的绩效提升可以分为宏观和微观两个层面。宏观层面是指对公司选定范围内供应商整体表现的提升，微观层面是指对某一个或几个表现不好的供应商的提升。

一提到供应商绩效提升，很多人下意识地就会想到微观层面的问题，这是很多企业常犯的错误。只关注差的那几家，而忽视了对表现好的伙伴的激励，久而久之，可能会令其失去追求更好表现的动力。从某种程度上讲，对绩优供应商的奖励，是供应商绩效提升的重要手段。

奖励的方式多种多样。俗话说，不管黑猫白猫，只要能捉住老鼠就是好猫。对于供应商激励，不管是物质激励还是精神激励，只要能够促进供应商持续稳定的优异表现，就是好的激励。下面就为大家介绍几种行之有效的激励方式。

写感谢信

现在的供应商普遍缺乏的是"爱"，尤其是处于弱势的供应商。

在这个充满竞争的年代，一封真诚的感谢信，很多时候可以瞬间融化供应商业务人员的心。但前提是信一定要写得真诚。

真诚具体可以体现在以下几个方面。

（1）这封信一定是专门写给某个供应商的，而不是群发的。

（2）信里一定要提及具体的负责人以及具体的事情。如果是感谢供应商对优秀业绩的贡献，一定要指出具体的时间段、详细的表现，以及对业绩有突出贡献尤其是业务接口人员的姓名。

（3）感谢信一般由具体负责该供应商的采购人员准备，一定要请高层管理人员，尤其是采购、供应商质量、供应链总监或总经理签字，并加盖公司公章。

（4）感谢信要发给供应商的高层管理人员（最好是一把手）。

相信绝大多数企业，如果收到客户发来的这样真诚的感谢信，一定会将它装裱放到公司最显眼的地方展示给所有的客户看，同时，还会加倍努力不辜负客户的期望。

写感谢信（表扬信）是一个代价小而效果显著的对表现优异的供应商的激励方式。但是正因为其代价小、成本低，反而被很多供应商管理人员所忽视。如果您还没有写过感谢信，不妨现在就试一下。

发"优秀供应商"奖

为了增进与供应商的沟通，传递企业对发展战略及供应商的期望，很多企业都会定期召开供应商大会。作为传统保留"节目"，为优秀供应商颁奖一般都是压轴大戏。

获奖供应商登上台领奖并与颁奖嘉宾合影留念的照片，在自媒体高度发达的今天很快会成为朋友圈里点赞的对象，这会让获奖供应商的荣誉感与使命感瞬间爆棚。客户的认可，尤其是在公共场合的认可，可以大大激发供应商对于优秀业绩的渴望。

优秀供应商的评选，与供应商绩效考核一样，一定是一种跨职能合作的活动。从策略制定，到选择标准，甚至颁奖嘉宾的选择都需要共同商讨。

订单激励

在大多数情况下，更多的订单对供应商而言是一定时期内所追求的目标。只要能拿到更多的订单，供应商便会有足够的动力投入更多的资源以保持良好的业绩。

那么更多的订单来源于哪里呢？如果针对某一物料只有一家供应商，那么要想给其更多的订单，只有一种情况，那就是我们公司的销售订单在增加。在这种情况下，订单增加起到的激励作用可能不是太明显。如果有两家或以上供应商在同时供应同一物料，针对某一供应商的采购订单的增加除了来自销售额的增加以外，还有可能来自供应商资源的整合。在这种情况下，一家供应商采购订单的增长可能意味着其竞争对手份额的降低，订单的激励作用也会更加明显。但无论是哪种情况，订单的增加都是一种非常有效的，也是最实际的激励方式。

进入优选供应商库

优选供应商库的建立，是战略采购的工作内容之一，也是企业从源头上降低成本、提升质量、加快新产品开发速度的有效途径。

对供应商而言，能够进入客户的优选供应商库，后期将会有很大的机会获得新的项目。如果能拿到客户"优选供应商"的奖杯，那将是再好不过的事情。很多国际大企业，已经尝到这一举措的甜头，进而在加大力度进行推广。举个例子，这几年我在拜访供应商的时候，就不止一次看到德国博世集团给供应商颁发的"Preferred Supplier"的证书（如下图所示）。凡是拿到这个证书的供应商都会被邀请到位于德国斯图加特的博世集团总部领奖，供应商们也非常感谢博世公司，在新项目和现有业务上会投入充足的资源，以保证通过优异的表现来争取更多的订单。

德国博世集团颁发的证书

供应商早期介入研发

供应商早期介入新项目的研发，是双方合作关系更加紧密的象征。能够被邀请参与客户的新项目的研发，意味着在与竞争对手的较量中就已经占得了先机。所以这项激励，对供应商来讲也是非常奏效的。

但是这种方式面向的是研发能力比较雄厚，在特定领域具有一定地位的供应商。比如，汽车 ABS 防抱死制动系统的 BOSCH，冰箱行业压缩机领域发明变频压缩机技术的恩布拉科集团，等等。

当然，对表现优异的供应商的激励方式还有很多，在此不再一一列举。正如前面提到的，只要能为业务发展带来积极、正面影响的方式，都是好的激励方式。

第 3 节　供应商绩效有效提升之供应商发展

面对绩效已经出现差距，或者可能会出现差距的供应商进行提升的手段就是供应商发展（Supplier Development）。供应商发展的出现，要追溯到企业对供应商关系的基本策略。

供应商发展

企业对供应商的关系大致可分为两类：猎人式和牧养式。以美系企业为代表的公司，采取的一般是猎人式的合作关系。以日系企业以及欧洲家族企业为代表的公司，一般会采用牧养式的合作关系。

供应商绩效提升，对于两种类型的企业所采取的方式是截然不同的。猎人式的企业，一般会与供应商签订严格的质量协议并附以高昂的质量保证金。他们坚定地认为，绩效提升是供应商自己的事情，做不好就要罚款：OTD 不达标罚款，PPM 不达标罚款，停线更要罚款……如果双方是按合同办事，那就是一个愿打，一个愿挨，只要能够达到绩效提升的效果，这也无可厚非。只是从长远来看，站在总拥有成本 TCO 的角度上埋单的可能还是采购方。

牧养型企业（如日本的丰田、德国的博世）奉行的是另外一种价值观，他们充分意识到现在的竞争已经从企业与企业的竞争，演变为供应链与供应链的竞争。如果供应商做不好，不管是现在，还是将来，都会对企业造成不利的影响。因为采购本身就是以各种方式优先获取外部资源以满足企业运营及战略需求的活动，如果供应商现在做不好，则会影响企业的运营；如果将来做不好，则会影响企业的战略。供应商发展就是建立在这种价值观的基础上的。

供应商发展一般分为两种情况。第一种，也是比较常见的一种，是对于现在虽然表现不好但我们还离不开的供应商展开的事后改善活动，这样的改善具有明显的改善前和改善后的对比，做好了比较容易看到成效。第二种是一些行业领头羊企业，由于在技术等方面要求很高，尽管经过千挑万选已经选取了业内最好、最合适的供应商，但仍然满足不了要求。对于这种情况，在合作伊始就会启动供应商发展的项目，督促、帮助供应商提升，尽最大的可能性在合作过程中一次就将事情做对。

月度供应商绩效管理

对于已经批量生产但绩效不好的供应商的改善，一般会经过如下图所示的六步法进行，包括目视化、月度供应商绩效汇报、供应商高层的汇报会议、发货批准、推进 JQE（Joint Qualit、Engineet，联合质量工程师）以及由跨职能的多功能小组开展的供应商改善项目。其中，目视化与公司最高层参与的月度供应商绩效会议旨在引起公司内部包括采购及供应商质量管理人员以及

六步有效改善供应商绩效

步骤	措施	内容
第六步	供应商改善项目	与供应商成立联合项目组，开展专项改善项目。项目内容包括质量提升、产能优化、成本降低等
第五步	推行JQE	针对选定的绩效需改善的供应商开展JQE项目。由JQE处代表我公司对供应商的生产、质量进行监控、改善。该工程师需经过采购方的培训与授权
第四步	发货批准	针对业绩表现不好的供应商执行发货批准。在发货前由供应商质量工程师到现场从成品仓库抽样品进行检验，检验合格后供应商方可发货
第三步	供应商老板关注	每月邀请2~3家绩效不达标供应商总经理来公司交流改善措施落实情况，以便引起供应商最高管理层对绩效发送的重视
第二步	管理层关注	每月进行供应商绩效管理会议，汇报供应商绩效整体情况及最差供应商的改进措施。参加人员包括采购经理、总监、供应商质量高级经理以及总经理
第一步	目视化	在办公室醒目区域设立供应商绩效管理目视化看板，将每月绩效最差的5位供应商连同负责的采购及供应商质量负责人的名字公布

月度供应商绩效改善

供应链（物料计划等）相关人员对于供应商绩效的重视，并采取相应的措施进行优化。而从月度最差供应商最高管理层的汇报到发货批准，以及 JQE 的推进乃至供应商改善专题项目的建立则更多是在供应商端所要采取的行动。

在前五步已经实施到位，但仍然无效的情况下，就需要导入供应商改善项目了。那么，这样的项目应该如何开展呢？

1. 供应商改善项目的触发与成功的前提

供应商改善项目主要针对的情况是：绩效不达标，供应商已经采取措施，但一段时间之内改进无效，或者效果不明显，需要外部力量介入帮助其诊断并辅导。一般而言，这类供应商有着非常好的合作态度与强烈的改善意愿，只是在能力方面有所欠缺。

既然供应商自己已经做了很多改善却仍然无效，那就说明在改善过程中需要做更多的分析，收集更多的真实数据。只有具备了良好的合作态度与强烈的改善意愿，供应商才会坦诚公开这些数据，从而使改善得以进行。若想使供应商放心对采购方公开这些在平时商务活动中属于机密的数据（如节拍时间、设备投资、厂房投资、人员薪酬等），采购方必须给出承诺，那就是这些数据仅用于现状的分析及改善成果的衡量，而不会用于后续的谈判之中。没有了这个后顾之忧，供应商才会真正的公开这些信息。

良好的合作意愿的另外一个表现就是双方的高层管理人员对于项目的支持及参与情况。总经理、董事长等最高管理层人员关注并出席改善项目开始及结案时的活动,是项目成功的关键因素之一。

2. 供应商改善项目的流程

供应商改善项目一般会分为三个阶段:准备阶段、分析阶段、实施阶段(如下图所示)。

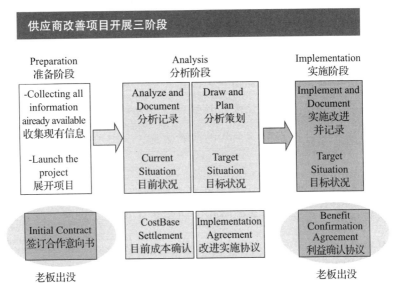

供应商改善项目的三个阶段

在发起项目以后,要成立项目团队,建立沟通渠道(如下图所示),锁定项目范围、目标,并签订合作意愿书,这是准备阶段的工作内容。

成功指派称职的项目经理是项目成功的一半。既然是攻关,那么双方都需要选派精干的团队,如生产、研发、质量、工艺甚至财务等职能的人员，如下图所示。为了使项目能够正常有序地开展，建议项目组建立与日常业务平行的沟通渠道。

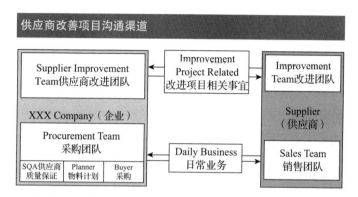

供应商改善项目沟通渠道

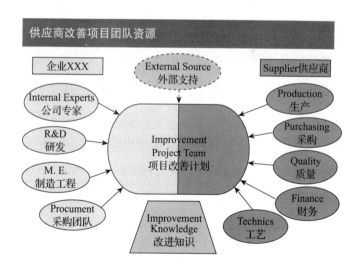

供应商改善项目团队资源

双方的总经理、董事长等最高管理层人员关注并出席改善项目开始合作意愿书的签约仪式是项目成功的关键因素之一，这也是合作意愿的真实体现。签约仪式标志着准备阶段的结束。在这个合作意愿中，对将来可能会发生的投资及各自需要承担的比例，以及对于改善收益的分享比例是重点关注的内容。

接下来是分析阶段，这个阶段会根据已经锁定的产品及要改善的区域进行诊断。诊断的工具包括生产成本分析、价值流分析、质量审核、精益审核，等等。如果需要，在项目过程中还有可能会引入外部资源，如针对某一领域的培训师，等等。

根据诊断的结果以及未来要实现的状态制定相应的改善方案及实施计划，并得到双方的签字认可之后，这个阶段就结束了。在制定的改进计划中，可能会涉及投资的需要，比如投资新的设备，对员工的培训，等等。到底由谁来投资，投资多少，一般会在项目开始的合作意向书中进行规定。当然，本着谁投资，谁收益的原则，改善计划的投资意向书上也会设定好未来的收益以及双方分享的比例。

第三个阶段就是逐条实施改善计划中的内容。实施过程中，可能会与设计的状态有所偏差，及时调整以及采用公认的计算方式是避免分歧的重点。当然，在所有活动结束之后，请最高管理层出席最终的结案庆典对双方来讲具有重要的意义。

3. 供应商改善项目会涉及哪些内容

供应商改善项目所涉及的范围包括质量、生产、物料、成本及设计等（如下图所示）。在项目中具体会对哪些部分进行改善，取决于目前供应商的业绩表现的缺口、未来业务发展的需求以及项目发起人的意愿。

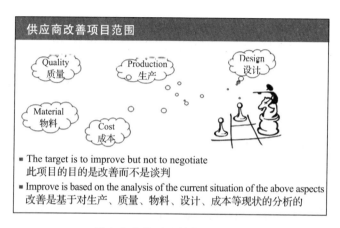

供应商改善项目所涉及的范围

这种项目是针对性很强的项目，在项目立项的时候，方向就已经很明确了，详细的分析过程会更加精确地锁定要改善的区域。在过去多年的供应商改善项目中，我（姜宏锋）处理过不同的内容：有通过优化质量管控流程将 PPM 从 1850 降到 50 的案例；也有通过优化工艺将生产成本降低 38% 的项目；更有通过介入供应商 APQP 过程，帮供应商一次性把事情做对，从而将项目开发周期从 67 周缩短为 28 周的经验。

所以说，供应商改善项目的内容没有限定，形式也不拘一格。只要双方都有良好的合作意愿，强烈的改善欲望，借助双方乃至第三方的精干的项目团队，在最高管理层的关注与参与下，一定会有效地提升供应商的绩效。在满足客户要求的同时，获取更多的利润，这就是双赢的供应商改善项目的魅力。

第 4 节　破解供应商绩效提升之常见困惑

供应商绩效提升是一个系统工程，必须经过周密的策划，严格的管控以及强有力的改善，才能真正为企业带来效益。在实际的工作中，有些企业做的并不是很到位，供应商管理人员因此会产生不少困惑，下面将对一些常见的问题进行分析。

有统计，无举措，做好做坏一个样

在咨询过程中，我遇到过一些企业供应商绩效管理一直不好，同样的问题总是反复出现的案例。

经过仔细调查，我们发现这些企业通过了 ISO 的体系认证，有供应商考核体系，但在这个体系里，只有对客户投诉率、按时到货率等关键业绩指标的定义，以及对实际表现的统计。对于统计的结果，没有分析，后续也没有针对性的方案。供应商做好做坏没两样，进而使绩效管理变成了累赘。

要解决这个问题，必须要从源头上进行处理，完善供应商绩效管理的流程，建立准入–评估–评价–优化的闭环管理制度。采购部要牵头与质量部制定相应的奖惩方案，指派专人跟踪解决，并定期向管理层汇报绩效改善的进展。

考评不能反映实际的情况

供应商绩效考评就像高速行驶汽车的仪表盘，它为企业提供了供应链目前运行中的状况。但是如果这个仪表板本身的设计就有问题，那就起不到应有的作用了。

在实际咨询中，我还遇到过一些公司，不分青红皂白，对所有的供应商都进行考核，眉毛胡子一把抓，捡了芝麻丢了西瓜；还有一些公司针对所有的供应商都采用同一标准，实际结果反映不出供应商的表现与我们的期待的真实差距。

针对第一种情况，采购人员需要在制定考核范围的时候参照本章第 1 节中"考核对象"小节中提到的拜尔公司的做法，将范围锁定在占采购额 80% 的供应商上。

针对第二种情况，公司需要对不同的品类制定不同的考核标准，不管是在 KPI 中定义，还是在权重的配比上，针对战略物资、瓶颈物资、日常物资以及杠杆物资的评估标准都应该有所调整。海尔公司在这方面就做得非常优秀，建议大家参照海尔公司的案例（如下图所示）制定相应的标准。

供应商绩效管理，必须定清标准，抓住重点，建好流程，才能真实地反应我们供应商的表现，并有效避免做好做坏一个样。只有在供需双方联合努力的情况下，才能真正提升供应商的业绩。

附参考评价表：原材料-关键

评价领域	评价项目（21）	内容	权重	评价周期	能力/表现	定量/定性	系统评价
管理（10%）	信用评价等级	用信用评价机构的评价资料和信用等级评价	4%	Y	能力	定量	
	安全评价	是否以合法方式在指定场所保管或管理污染物/危险物	3%	Y	能力	定性	
	伦理经营	供应商伦理经营方针（达成契约/参与伦理经营教育等）的参与度评价	3%	Y	表现	定性	
技术（25%）	新品开发样品检验合格	新品、样品按时出其检验合格率	5%	Q	表现	定量	O
	技术能力评价	能否根据自身技术的路标图，在竞争中保持自身技术	5%	Y	能力	定性	
	研发投资权重	研发投资比率：（研发投资额/年销售额）*100%	5%	Y	能力	定性	
	生产效率管理	生产目标性设定/表现分析等生产效率性管理程序水平	5%	Y	能力	定性	
	研发人数比率	（研发人员数量/总员工数）*100	5%	Y	能力	定量	
质量（30%）	内部质量管理	质量检测机构的组织/program/规定水平	8%	H	能力	定性	O
	市场反馈	材料不合格市场退货率	22%	M	表现	定量	O
	在线合格率	一定时期内的PPM不合格率以及批量不合格率		M	表现	定量	O
	入厂检验合格率	（合格批次数/检查批次数）*100		M	表现	定量	O

成本 (20%)	成本管理体系	有无成本削减体系以及以根据标准的成果分析管理	4%	Y	能力	定性	O
	成本降价率	{(前期供应价格*谈判价格)/前期供应}*100	6%	M	表现	定量	
	新品价格合理性	对海尔目标价的支持程度和竞争力水平	4%	M	表现	定量	
	成本价低额	(全年度单价*评价时点单价)*发货数量	6%	M	表现	定量	O
交货 (5%)	交货管理体系	交货相关管理程度水平	2%	Y	能力	定性	
	交货准确性	(月 T-1 不到位批次的相应采购金额/供应商在搜购组中月采购总额)*100	3%	M	表现	定量	
协作 (10%)	开发应对能力	对支持海尔技术要求事项以及为了开发交货遵守的要求事项的反时性和货额作程度	3%	H	表现	定性	
	采购合作程度	对支付款/交货/市场信息要求等要求事项的协作程度	4%	H	表现	定性	
	质量合作程度	纠偏反馈,9S 合格完成率	3%	M	表现	定量	O

原材料-关键表格图示

原材料-瓶颈

评价领域	评价项目（19）	内容	权重	评价周期	能力/表现	定量/定性	系统评价
管理（10%）	信用评价等级	用信用评价机构的评价资料和信用等级评价	4%	Y	能力	定量	
	环境安全评价	是否以合法方式在指定场所保管或管理污染物/危险物	3%	Y	能力	定性	
	伦理经营	供应商伦理经营方针（达成契约/参与伦理经营教育等）的参与度评价	3%	Y	表现	定性	
技术（25%）	新品开发样品检验合格	新品、样品按时出其检验合格率	5%	Q	表现	定量	O
	技术能力评价	能否根据自身技术的路标图，在竞争中保持自身技术	5%	Y	能力	定性	
	研发投资权重	研发投资比率：(研发投资额/年销售额)*100%	5%	Y	能力	定性	
	生产效率管理	生产目标性设定/表现分析等生产效率性管理程度水平	5%	Y	能力	定性	
	研发人数比率	(研发人员数量/总员工数)*100	5%	Y	能力	定量	

类别	指标	说明	权重	H/M	能力/表现	定性/定量	O
质量(30%)	内部质量管理	质量检测的组织/program/规定水平	8%	H	能力	定性	O
	市场反馈	材料不合格市场退货率		M	表现	定量	O
	在线合格率	一定时期内的PPM不合格率以及批量不合格率	22%	M	表现	定量	O
	入厂检验合格率	(合格批次数/检查批次数)*100		M	表现	定量	O
成本(15%)	成本降价率	{(前期供应价格*谈判价格)/前期供应}*100	6%	M	表现	定量	O
	新品价格合理性	对海尔目标价的支持程度和竞争力水平	3%	M	表现	定量	O
	成本价低额	(全年度单价*评价时的点单价)*发货数量	6%	M	表现	定量	O
交货(5%)	交货准确性	(月T-1不到位批次的相应采购金额/供应商在搜购组中月采购总额)*100	5%	M	表现	定量	
协作(15%)	开发应对能力	对支持海尔技术要求事项以及为了开发交货遵守的要求事项的及时性和货额作程度	5%	H	表现	定性	O
	采购合作程度	对付款/交货/市场信息要求等要求事项的协作程度	5%	H	表现	定性	O
	质量合作程度	纠偏反馈,9S合格完成率	5%	M	表现	定量	O

原材料-瓶颈表格图示

原材料 - 杠杆

评价领域	评价项目（13）	内容	权重	评价周期	能力/表现	定量/定性	系统评价
管理（10%）	信用评价等级	用信用评价机构的评价资料和信用等级评价	4%	Y	能力	定量	
	环境安全评价	是否以合法方式在指定场所保管或管理污染物/危险物	3%	Y	能力	定性	
	伦理经营	供应商伦理经营方针（达成契约/参与伦理经营教育等）的参与度评价	3%	Y	表现	定性	
质量（20%）	市场反馈	材料不合格市场退货率	20%	M	表现	定量	O
	在线合格率	一定时期内的PPM不合格率以及批量不合格率		M	表现	定量	O
	入厂检验合格率	（合格批次数/检查批次数）*100		M	表现	定量	O
成本（35%）	成本降价率	{（前期供应价格 - 该判价格）/前期供应}*100	15%	M	表现	定量	O
	新品价格合理性	对海尔目标价格的支持程度和竞争力水平	5%	M	表现	定量	
	成本价低额	（全年度单价 * 评价时点单价）* 发货数量	15%	M	表现	定量	O
交货（20%）	交货管理体系	交货相关管理程序水平	5%	Y	表现	定量	
	交货准确性	（月T-1不到位批次的相应采购金额/供应商在搜购组中月采购总额）*100	15%	M	表现	定量	O
协作（15%）	采购合作程度	对付款/交货/市场信息要求等事项的协作程度	8%	H	表现	定量	
	质量合作程度	纠偏反馈，9S合格完成率	7%	M	表现	定量	O

原材料 - 杠杆表格图示

原材料－常规

评价领域	评价项目（11）	内容	权重	评价周期	能力/表现	定量/定性	系统评价
管理（10%）	信用评价等级	用信用评价机构的评价资料和信用等级评价	4%	Y	能力	定量	
	环境安全评价	是否以合法方式在指定场所保管或管理污染物/危险物	3%	Y	能力	定性	
	伦理经营	供应商伦理经营方针（达成契约/参与伦理经营教育等）的参与度评价	3%	Y	表现	定性	○
质量（25%）	市场反馈	材料不合格市场退货率		Q	表现	定量	○
	在线合格率	一定时期内的PPM不合格率以及批量不合格率	25%	Q	表现	定量	○
	入厂检验合格率	（合格批次数/检查批次数）*100		Q	表现	定量	○
成本（35%）	成本降价率	{（前期供应价格*谈判价格）/前期供应}*100	18%	M	表现	定量	○
	成本价低额	（全年度单价*评价时点单价）*发货数量	17%	Q	表现	定量	○
交货（25%）	交货准确性	（月T-1不到应批次的相应采购金额/供应商在搜购组中月采购总额）*100	25%	Q	表现	定量	○
协作（5%）	采购合作程度	对付款/交货/市场信息要求等要求事项的协作程度	3%	Y	表现	定性	
	质量合作程度	纠偏反馈，9S合格完成率	2%	Q	表现	定量	○

原材料－常规表格图示

第 5 节 学以致用

学

请用自己的语言描述本章的要点。

思

描述自己企业的相关经验与本章带来的启发。

用

我准备如何应用?我希望看到的成果是什么?

会遇到哪些障碍?

解决障碍有哪些方法、措施、资源?

第 9 章

SQE 团队作战

第 1 节　SQE 岗位职责与任职资格

在进行《供应商质量管理》专题培训时，经常会有学员提问："姜老师，您觉得我们公司的 SQE（Supplier Quality Engineer，供应商质量工程师），是应该放在采购部还是应该放在质量部？"

SQE 的归属之所以成为难题，是因为企业遇到了日益复杂的供应商质量问题才增设 SQE 岗位。从"供应商"的角度来说，SQE 应该归属采购部；从"质量管理"的角度来说，SQE 应该归属质量部。不同企业其实践也有差异，这里以我亲历的日企、美企、民企为例说明，民企大多没有专职 SQE，出了质量问题也是由采购部作为与供应商联系的唯一窗口，负责向供应商传递质量异常信息、处理退换货，当然还要推动对供应商的罚款措施。由于采购缺乏专业度，能将信息准确传达就不错了，基本没有能力帮助供应商进行质量改进，而罚款也只能"挑软柿子捏"，对于强势供方基本上是有没办法的。美企具有大量的国产化项目，采购部内新设 SQE 岗位，向采购经理汇报，帮助采购工程师实施国产化项目及质量问题处理。日企则以 IQC 团队为基础，通过对供应商进行辅导，提升供应商质量能力，而不强调对供应商进行处罚。我在做咨询时，也遇到过一些企业独立设置 SQE 的，通常是因为采购部与质量部都很强势，认为供应商质量控制很麻烦，都不想要，SQE 因而被迫自立门户。你们企业的 SQE 又是放在哪里的呢？应该怎么放才合适呢？

　　SQE 团队放在哪个部门这个问题，需要站在供应链的高度才能确定一个合理的标准，即 SQE 如何帮助供应链实现管理目标、贡献自己的价值。如果企业拥有大量的国产化项目，或者拥有大批供应商需要开发，那么这时效率应排在首位，SQE 团队放在采购部是比较合适的。在这个阶段，SQE 的主要职能是做国产化的协同与供应商开发的保障。如果企业过了创业期，拥有稳定的产品、稳定的供应商，那么这时专业应排在首位，SQE 归属于质量部。在这个阶段，SQE 可以行使大质量部的职能（CQA、DQA、MQA 与 SQA），实现端到端的闭环，更有利于整个供应链的质量管理。

　　在解决完归属问题之后，建设一支能打硬仗、专业的 SQE 团队，从而进行供应商的质量改进就成了供应链能力建设的重要课题。而建设专业 SQE 团队的第一步，是描述 SQE 岗位职责，根据岗位职责，分解 SQE 任职资格。然后根据岗位职责与任职资格，招聘到合适的 SQE。

SQE 的工作职责表明了组织对 SQE 岗位的期待与要求，总结起来可分为三部分，包括供应商质量问题的处理、基于过程的控制与前期的预防。具体的要求，可以参考下面这家行业领先的汽车零部件厂家对 SQE 的岗位职责的描述（可用于招聘）。

SQE 工作职责

- 培训供应商熟悉应用本企业的程序。
- 确认供应商提供给工厂的所有零件都是合格的，并确保所有供应商的质量都能够达到本企业的要求。
- 监控供应商的产品，保证在各个环节中都受控，确保由供应商质量造成的产品质量问题零投诉。
- 处理进货检验过程中的不良品并反馈给供应商，要求供应商进行改进。
- 确保所有供应商的产品和工序都满足本企业的标准和要求。
- 支持所有供应商的 PPAP，确保所有提交都能按时按要求进行提交。
- 拜访供应商对质量问题的改善措施的现场验证，并协助供应商解决生产过程中出现的质量问题。
- 跟踪供应商的质量投诉问题，并且确认相关的问题已经得到处理，并将相关的信息与团队共享。
- 由于供应商的不良品产生的费用向供应商进行索赔。
- 审阅所有供应商的 PPAP 并提出改进意见。
- 每个月初向团队分享上个月供应商的质量情况。
- 与项目经理进行沟通，以确保参与项目供应商质量问题在

PPAP 之前得到解决。
- 管理所有的 APQP 项目经过 Gate review、APQP work book，以确保供应商满足项目要求。
- 验证供应商的 PPAP 过程，验证现场、数量以及质量，当供应商出现质量及交付问题时提出预警。
- 计划和安排确保所管理的员工和同事的安全健康的工作的维护。
- 通知员工了解潜在的安全危险和风险，遵循法规的要求，提供和维护正确的操作流程、活动、标准和法规。
- 根据健康、安全和工厂的规整制度，确保所有的工作、功能都遵守安全和健康的习惯。
- 遵守 IATF 16949、EMS 和健康安全规定、公司规定和指导方针。
- 接受 ISO14001 体系培训，熟知危害沟通控制程序，并按体系要求执行。
- 遵守安全工作环境标准，与遵守员工手册规定一样遵守职业健康安全行为准则。

根据上述工作职责，派生出 SQE 任职资格：任职资格即作为一名 SQE 需要具备哪些条件。SQE 要处理产品的质量问题，所以会有专业背景、质量能力方面的要求。因为要推动供应商，所以对心理素质与沟通能力有所要求，因此一些企业会要求 SQE 具有良好的英语听说读写能力、自信、承压能力强、积极性强。具体要求可参考这家汽车零部件企业 SQE 任职资格。

SQE 任职资格

- 工程类或相关专业大学毕业。
- 熟悉办公软件。
- 具备 ISO14001 和 IATF 16949 内审技巧。
- 3 年汽车行业经验。
- 熟悉质量工具,如 SPC、FMEA、控制计划、防呆方法、帕累托图、因果分析、鱼刺图、生产件批准程序。
- 最好有 6 sigma 经验。
- 良好的英语听说读写能力、自信、说服力强、承压能力强、分析能力强、积极性强。
- 较强的组织技巧和谈判能力。
- 精通 GD & T。

愿景与使命:为了更好地让 SQE 明确角色,这家企业还规定了 SQE 的愿景与使命。

SQE 愿景:追求 PDCA 持续改善机制,使供应商均成为卓越厂商,全材料免验上线。

SQE 使命

(1)强化供应商管理,确保质量系统有效性。

(2)落实供应商源流管理,除掉前面错误的成因,省掉后面的检验,不良品不流到客户。

罗马不是一天建成的,SQE 的要求要与企业供应链建设同步。我们会在第 2 节至第 5 节,具体谈谈企业供应链发展的不同阶段对 SQE 的能力要求。

第 2 节　SQE1.0 阶段的能力建设

作为一名合格的 SQE，需要具备哪些专业能力呢？从供应链面临的挑战与要解决的关键问题出发，我们设计了 SQE 四个阶段的能力发展路线图。

SQE1.0 阶段：供应商引发的质量问题日益增多。

关键任务：处理质量突发问题。

SQE 角色：救火队员。

企业初期由于要不断引入新的供应商，导致由供应商引发的质量问题日益增多。当问题发生时，采购人员缺乏专业的处理能力，质量人员借口没有参与供应商选择而拒绝接手，企业开始引入专职 SQE。这一阶段 SQE 人员较少，一到岗就要紧急处理各种突发的供应商物料质量问题。SQE 的角色非常像救火队员，这就要求 SQE 除了应具备产品特性知识，以及较好的心理素质之外，还要具备快速界定问题（即问题到底是什么）、分析问题（问题的真正原因是什么）、解决问题（有哪些有效的方法与工具解决）与关闭问题（符合流程要求）的能力。

为方便 SQE 从这些能力出发，我们在此推荐一些行之有效的工具，具体见下表。

一些行之有效的工具

SQE 核心能力	推荐工具
快速界定问题	5W2H
分析问题	QC 七大手法
解决问题	QC 七大手法
关闭问题	ISO9000 体系

其内在的逻辑关系如下图所示,限于篇幅,我们将对这些工具进行简明介绍,以方便读者快速上手。

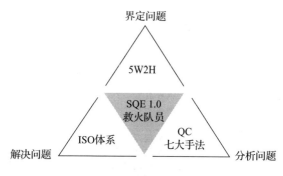

SQE1.0 阶段逻辑关系

SQE1.0 必备技能:5W2H。

5W2H 是日本企业最常用的界定问题的工具,即描述一个问题时,使用 What(何事)、Why(为何)、When(何时)、Where(何处)、Who(何人)、How(如何)、How much(何代价)这 5 个 W 与 2 个 H 来进行精准界定(具体见下表)。

5W2H 简表

5W2H	释 义
What 何事	什么事? 做什么? 准备什么? 达成的目标?
Why 为何 (连续问 5 次 Why,方能找到真因)	为什么发生? 真因究竟是什么? 为什么要如此做?
When 何时	什么时候发生的? 什么时候开始? 什么时候完成? 什么时候检查?

(续)

5W2H	释　义
Where 何处	在哪里发生的？ 在何处着手进行最好？ 在哪里做？
Who 何人	谁发现的？ 谁负责？ 向谁汇报？
How 如何	如何做？ 如何提高效率？ 如何实施？ 方法、程序怎样？
How much 何代价	成本如何？ 质量水平如何？ 达到怎样的效果？ 产出如何？

SQE1.0 必备技能：QC 七大手法（日企称 QC 七道具）。

日本品质之父石川馨先生曾说过，QC 七大手法可以解决 95% 的品质问题。

QC 七大手法是分析并解决质量问题的 7 个非常实用的工具，包括检查表、柏拉图、直方图、散布图、管制图、层别（图表）法、特性要因图（鱼骨图），这 7 个质量工具的管理要点如下图所示。

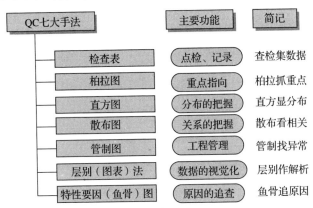

QC 七大手法

QC 七大手法所用工具的使用逻辑见下图。

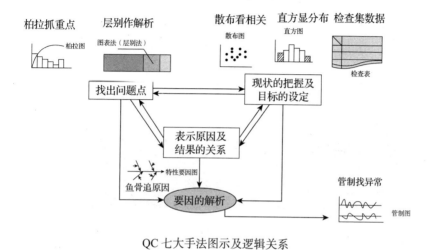

QC 七大手法图示及逻辑关系

SQE1.0 必备技能：ISO9000 七大质量管理原则。

质量问题的处理与关闭要符合企业 ISO9000 质量管理的相关规定。掌握 ISO 七大质量管理原则又是理解 ISO9000 的最好方法，七大管理原则分别为领导作用（关键）、全员参与、关系管理（基础）、过程方法、基于事实的决策方法（手段和方法）、以顾客为关注焦点、改进（掌握方向）。如果用一只飞行的鸟来表示，这七大质量管理原则就如下图所示，"领导作用"是鸟头，是质量管理的关键；"全员参与、关系管理"是两翼，是质量管理的基础；"过程方法、基于事实的决策方法"是躯干，是质量管理的手段和方法；"以顾客为关注焦点、改进"是鸟尾，是质量管理的方向。

ISO 9000 七大质量管理原则

第 3 节　SQE2.0 阶段的能力建设

SQE2.0 阶段：供应商引发的产品质量问题进入高发期。

关键任务：建立内外部质量处理流程。

SQE 角色：流程联络员、协调员。

随着企业业务范围的不断扩大，供应商日益增多，由供应商引发的产品质量问题进入高发期。SQE 们发现四处救火已应接不暇，必须建立企业内部与供应商之间的质量处理流程，才能系统地解决质量问题。SQE 的关键任务是建立有效的供应商质量问题处理流程，协调处理流程中遇到的问题。SQE 的角色是联络员、协调员。SQE 除了应具备工艺知识之外，还应具备流程优化能力、内外部沟通与协调能力、过程控制能力。

在 SQE2.0 阶段，SQE 应必备的基本技能如下表所示。

SQE2.0 阶段必备基本技能

SQE 核心能力	推荐工具
流程优化能力	8D
内外部沟通与协调能力	4M 变动、特采规则
过程控制能力	QCP 质量控制计划

SQE2.0 必备技能：8D。

工具介绍：8D 是团队解决问题的方法，对不合格产品问题的解决，对顾客投诉、反复频发问题以及需要团队作业问题的解决都具有良好的效果。对于供方而言，使用 8D 可以建立小组训练内部合作的技巧，推进有效的问题解决和预防方法，改进整个系统的质量和生产率，防止相同或类似问题的再发生，提高顾客满意度。对于顾客而言，使用 8D 可以增强对供方的产品和过程的信心。8D 包括 1 个准备动作，即了解问题，还包括 8 个步骤：成立小组、清楚描述问题、执行和确认临时措施、分析真因、确定及验证纠正措施、执行永久纠正措施、避免再发生、恭贺小组（如下图所示）。

SQE2.0 必备技能：4M 变动管理。

如果供应商之前的产品质量是合格的，但现在出现产品质量问题，很大概率是供应商的 4M 发生了变化。4M，即 **Man（人）、Machine（机器设备）(包括量具)、Material（材料）、Method（方法），有的还会加上 1E，即 Environment（环境的变化）**。4M 中一项或多项发生变化就会引发产品质量差异，应该作为质量管理的重点。但一些供方缺乏对 4M 变动的了解与管控手段，对哪些需要客户确认，哪些需要供方自己做好验证管理缺乏明确的规定。往往是对供方质量异常的原因追查到最后，才发现是人、机、料、法、环中的一个或多个要素发生了变化。对供应商提出4M变动管理要求，是SQE2.0避免救火的一项重要举措。下面是一家企业关于4M变动管理与供方进行的约定。

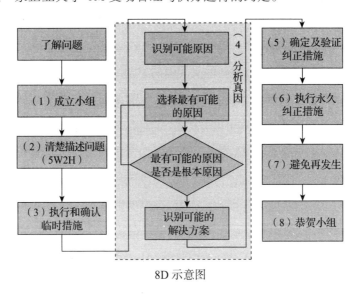

8D 示意图

在4M变动时，以下情况（如下图所示）须向企业做书面报告，其他变动则由供方自行管理，但要做好验证与记录。

人	1. 作业员变更（变更人数超过50%） 2. 外协厂方面的重大变更 3. 制造工厂的变更	机械	1. 导入了新机械 2. 与重要特性相关的机械变更 3. 新模具导入 4. 影响基本品质的模具修理
方法	1. 大幅度工程、工序变更 2. 大规模管理方法变更 3. 处理条件的变更 4. 作业方法大规模变更	材料	1. 材料厂商变更 2. 材质变更 3. 产品停用或追加代替品

4M变动时须向企业书面报告的情况

SQE2.0 必备技能：控制计划 QCP。

控制计划 QCP 是产品质量管理的纲要文件，是产品质量先期策划 APQP 的重要输出，是对工艺过程控制确保产品质量特性事先给出的书面描述，应用于样件、试生产、生产三个阶段。控制计划 QCP 包括产品特性、工艺流程、检测技术、控制方法、反应计划等（如下图所示）。工艺流程和工艺卡片必须按照控制计划编写，控制计划要按照 DFMEA+PFMEA 来编写。

SQE 通过向供应商提出质量控制计划的要求，帮助供应商验证质量策划并实施质量控制。有效实施质量控制计划，可以帮助供应商制造出合格的产品，从而防止不良品的产生。

SQE 要求供应商编制控制计划并按控制计划实施质量控制，供应商出了质量问题要用 8D 进行真因分析，重点关注 4M 变动。同时若我们认为之前的控制计划已经失控，则需要更新控制方法与反应计划。

第 4 节　SQE3.0 阶段的能力建设

SQE3.0 阶段：如何系统解决质量问题，并从根源上加以预防。

SQE3.0 关键任务：系统诊断、源头管理。

SQE 角色：诊断师。

控制计划表

样件 ☐	试生产 ☐	生产 ☑		主要联系人/电话			日期（编制）		日期（修订）
控制计划编号 008				核心小组			顾客工程批准/日期（如需要）		
零件号/最新更改水平 PY123/E5									
零件名称/描述 XX齿轮				供方厂批准/日期			顾客工程批准/日期（如需要）		
供方工厂：A	供方代号 RT1948			其他批准/日期（如需要）			其他批准/日期（如需要）		

零件过程编号	过程名称/操作描述	生产设备	特性			特殊特性分类	产品/过程规范公差	评价测量技术	方法			反应计划
			编号	产品	过程				容量	取样频率	控制方法	
小齿轮XX/01	...											
...	正火	...										
15-1	全性能检验			硬度		◇	HRC58-62	硬度计	5	无	测量	重新设计
...	...			...								
15-2	全尺寸检验			A尺寸		◇	φ58.00±0.01mm	游标卡尺	3	无	测量	更改设计

SQE2.0阶段之后，如何系统解决质量问题，并从根源上加以预防，就成为最重要的课题。对供应商群进行系统的诊断，指明供应商改进的方向，在源头上进行预防，强化供应商选好比管好更重要的理念，重点关注供应商准入中的过程审核与产品审核。

在SQE3.0阶段，SQE应具备的基本技能如下表所示。

SQE3.0阶段必备的基本技能

基本要求	质量工具	质量知识
系统诊断能力	供应商能力系统诊断图	项目管理、APQP、FMEA、防错防呆
供应商源头管理	全流程6扇门关键节点管控	
预防不良品的产生	五大工具	

SQE3.0必备技能：供应商能力系统诊断图。

对现有供应商进行质量稽核，将所涉及的供应商的各项分数加权汇总，就得到了一份供应商群的总体能力评估报告，分析供应商群的总体能力评估报告的薄弱项，并与企业的目标进行对照，制定出相应的提升计划，这是做系统诊断图的价值。

下图所示的是我当年在供应商群系统诊断的实践图，从自己企业的现状出发，设计了10个维度，分别是品质保证的组织及运作、文件记录管理、环境及现品管理、批量管理、4M变动管理、制程管理、检查管理、计测器及测定工具管理、品质异常管理、客户提供品，对供应商进行评分，并将供应商的分数加权平均，得到供应商群的总体能力评估报告。通过对报告进行分析，发现供应商4M变动管理最为薄弱，影响了企业的供应链发展，所以采取的行动是对供应商 4M 变动管理做专项培训。时间定于 6 月 11 日，邀请环境及现品管理、4M 变动管理这 2 项评分最低的 4 家供应商进行重点改善。

SQE3.0 必备技能：供应商全流程诊断之"6 扇门"管控法。

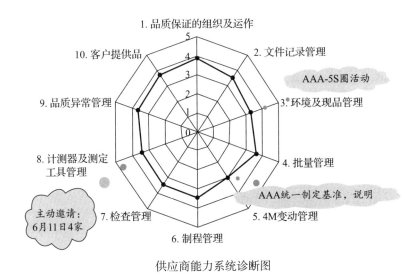

供应商能力系统诊断图

将关注重点放在供应商的准入过程，一次性将事情做对。通过"6 扇门"质量关键点的层层把关，使供应商的产品质量达到"零缺陷"标准，"6 扇门"管控法具体如下。

（1）选定供应商，重点在于寻找潜在供应商，以及对供应商进行质量能力分析、质量规划评价。

（2）产品认可，重点在于首件样品认可、OTS 认可。

（3）过程认可：重点在于质量能力评审。

（4）批量供货：重点在于培训 / 评审供应商、预防措施、过程控制、持续改进。

（5）A级供应商，CPK≥1.33、PPM≤66。

（6）"零缺陷"，推动A级供应商不断前行，使其产品达到"零缺陷"标准。

下面是一家汽车企业的供应商全流程"6扇门"示意图。

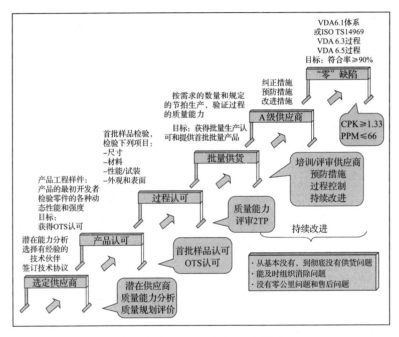

供应商全流程"6扇门"示意图

SQE3.0必备技能：IATF16949五大工具。

汽车行业，以"零缺陷"为目标，五大工具为载体。尽管对非汽车行业不是强制要求，但五大工具有很强的系统性与实用性，所以强烈建议所有行业的SQE在SQE3.0阶段都要学习、借鉴与使用五大工具。

这五大工具分别是产品质量先期策划和控制计划（APQP&CP）、潜在失效模式和后果分析（FMEA）、统计过程控制SPC、测量系统分析MSA、生产件批准程序PPAP。这五大工具的逻辑关系具体如下。

（1）作为客户，要将产品的目标客户、使用环境、以往出现的产品缺陷（缺陷列表）、产品关键特性要求、PPAP要求等级、产品质量目标（PPM）等作为客户要求书面发给供应商。

（2）供方收到客户要求之后，根据客户要求及行业要求，依据APQP的规定流程，依次完成计划和确定项目、产品设计和开发验证、过程设计和开发验证、产品和过程确认、反馈评定和纠正措施。

（3）根据质量目标，确定潜在失效模式和后果分析（FMEA）。

（4）用SPC统计过程控制工具对APQP与FMEA确定的产品与过程的关键特性进行制程能力分析与统计过程控制。

（5）用MSA测量系统分析工具来保证测量的有效性与统计过程控制（SPC）的有效性。

（6）对上述控制过程进行整合，输出用于生产制造过程中的控制计划（CP），根据控制计划（CP）制订作业标准书（SOP），用于工序作业。

IATF16949五大工具的关系如下图所示。

在SQE3.0阶段，有如下两个注意事项。

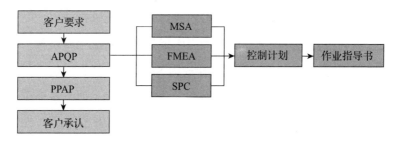

IATF16949 五大工具的关系图

（1）**强化防呆**。无论是产品质量先期策划和控制计划（APQP&CP），还是潜在失效模式和后果分析（FMEA），最好的质量管控手段是防呆 POKA-YOKE，即失误发生之前加以预防，使作业人员不会特别注意也不会失误。

（2）**编制供应商管理手册**。为方便新员工快速融入企业，企业会为新员工编制员工手册。在编制供应商管理手册时，将 SQE1.0 到 3.0 各阶段的质量要求、质量管理文件汇总起来，编制一本供应商（质量）管理手册，是专业的表现，也是提高管理效率的要求。

第 5 节　SQE4.0 阶段的能力建设

SQE4.0 阶段：供应商的管理能力已成为质量改进的瓶颈。

SQE4.0 关键任务：如何系统提升供应商的管理能力。

SQE 角色：辅导员。

通过前 3 个阶段的建议，供应商的管理能力已成为质量改进的瓶颈。如何提升供应商的能力变成了 SQE 最重要的任务。对哪类供应商进行辅导、辅导哪些内容都必须事先进行规划，提升已仅仅局限在供应商质量管理能力的提升上，精益生产改善、成本降低活动，供应商发展与支持成为 SQE 最重要的贡献。在这个阶段，SQE 的角色变成了辅导员，作为辅导员，要具备全面的质量管理相关的知识，还应具备辅导、培训的能力。

SQE 要转型为供应商发展团队，应从职能、贡献、核心任务与人员发展 4 个维度建立供应商发展团队（如下图所示）。

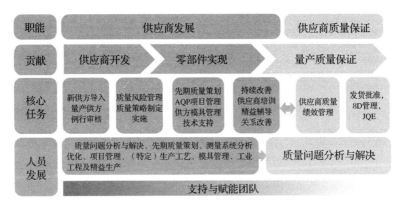

建立供应商发展团队的 4 个维度

SQE4.0 必备技能：供应商辅导能力。

进行辅导之前，要先对供应商进行分类，来确定有效的辅导形式。供应商可以分为三个级别：所有供应商、优选供应商与战略合作伙伴。对所有供应商做集中培训，对优选供应商做专项改善活动，对战略合作伙伴做供应商改善项目，包括新品联合开发、全面质量管理推行、精益价值流改善。供应商发展战略策划具体如下图所示。

第 9 章 SQE 团队作战

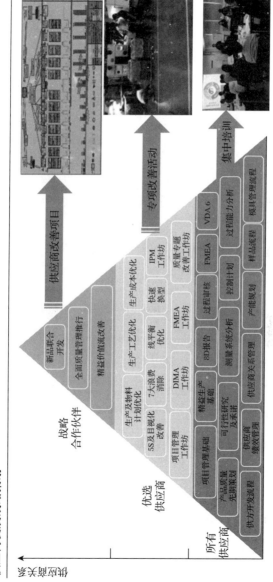

SQE4.0 必备技能：推行 JQE 制度。

在供应商人才培养上，建议以点带面，俗话说浑身是铁，能打几根钉子。SQE 如果能整合供应商资源，让供应商自主保证品质，供应商质量管理才能进入正规。所以，推行 JQE 制度是一个不错的选择。JQE（Joint Quality Engineer）是供应商中与 SQE 接口的供应商质量工程师，其与一般的松散连接不同，具体区别如下。

（1）JQE 是有明确的授权（即有名分）。企业与供应商的管理层会联合签发一份授权书，授权某位质量工程师担任客户的质量代表，作为供应商是否可以出货的责任判定人，从而将管理一家供应商变为管理一位工程师。

（2）JQE 拥有配套激励。作为客户，可以向供应商争取 JQE 的奖金，奖金由供应商发放，由 SQE 来评定奖金发放的系数。

（3）JQE 具有保障措施。不用担心 JQE 严格执行客户的标准而被排挤或开除，企业对 JQE 往往会有保障系统，如果因严格执行被供应商排挤，则企业会吸纳 JQE 成为 SQE，并将原企业纳入其管理范围。

（4）JQE 具有明确的工作职责，其工作职责包括但不限于以下 11 个项目。

- 监控供应商生产过程。
- 开展执行制程稽核。
- 当发生品质问题时，及时向 SQE 反馈相应的纠正措施。
- 以 ISO 为基础，定期完成品质系统稽核。

- 向 SQE 提交日常品质报告。
- 追踪、提供不良分析报告。
- 协助 SQE 制定制程品质控制点目标。
- 参与拟定品质协议,并确保全面开展。
- 协助 SQE 发展 QMP(品质管理计划)。
- 配合管理完善 CA/FA/CLCA 系统。
- 审核并发布所有的品质报告。

(5)企业对 JQE 设有培训计划,包括每年至少一周的脱产培训,以及不确定的培训,以使 JQE 有能力胜任上述工作。培训至少包括品质意识(洗脑)、产品质量(标准)、质量管理方法与工具,尤其是 8D 的培训,因为后述质量问题的处理是由 JQE 来完成的。那么,供应商的什么人比较适合做 JQE 呢?下面是一名称职 JQE 的基本要求。

- 具有 ISO 背景,品管工程师。
- 三年以上的工作经验。
- 具有同时处理几件事情的经验与技巧。
- 具备较强的领导能力与沟通技巧。
- 较好的英语和计算机应用能力。
- 了解制程及产品特性知识。
- 有过稽核过程及系统的经验,能训练内部稽核员。
- 具备专案管理技巧。
- 具有强的心理承受能力,能进行自我激励。
- 对问题有好的追踪能力。

- 要求熟练运用制程控制工具（如，SPC、FMEA、CP）。
- 要有很强的解决问题的能力。

注意，JQE 不适合所有供应商，瓶颈类供应商与日常供应商就不适用 JQE，因为他们不愿意去为客户设置专门的质量窗口人员。建议优选战略供应商与杠杆供应商中有意愿改进且有潜力的供应商设置 JQE，表明企业有意向与之长期合作。

SQE4.0 阶段，为了更好地推动供应商发展，SQE 团队在专业能力上，要从质量管理上升到供应链管理，还要发展自己的领导力、学习 TTT（培训师的专业能力）与教练技术，不断引领、辅导、激励供应商不断前行。这时，SQE 所担任的角色已经是面向供应商的顾问、培训师与教练。

第 6 节　开好供应商大会

越来越多的企业会召开供应商大会，但如何开好，里面有大学问。

供应商大会以谁为主体？是企业还是供应商？很多人认为自己企业是会议召开方，因此企业应该是供应商会议的主体。实际上这种想法是错误的，以企业为主体，极易陷入自嗨模式，会导致投入巨大，自我感觉胜利圆满，但供应商一无所获，没有任何行动。供应商大会，顾名思义，是以供应商为主体的会议，如果以供应商为主体，那么会议设计就要以供应商为中心，从供应商的角度、供应商的收获、供应商的感受几个方面来设计。

一次成功的供应商大会，要能回答以下三个问题。

（1）供应商能从本次会议收获什么？

（2）供应商应通过会议反思什么？

（3）供应商通过会议应采取哪些行动、改进什么？

如果说供应商会议以供应商为主体，那么企业的角色又是什么呢？企业作为主导，应主导整个会议。企业应通过对会议的策划，达成供应链发展的目标。而这个目标，要通过供应商协同来实现。这个过程要求为供应商"赋能"，而向供应商赋能，"双赢"又是必要条件。所以很多供应商大会不约而同地将"共赢未来"当作主题词，背后是有逻辑关系的。

企业主导，要能回答以下三个问题。

（1）承接企业核心目标的供应商规划与发展目标是什么？

（2）需要供应商协同与改进什么？

（3）如何向供应商赋能，让协同发生？

供应商大会以供应商为主体，企业为主导，因此会议就成为主场，要承担起转化的职能，将组织目标转化为供应商行动，协同发展。下图即为供应商大会的逻辑结构。企业以文化赋能，以策划主导会议，会议要转化为供应商的行动。

结合供应商大会的逻辑结构，下面给出供应会议策划的一个会议指南，以供会议团队参考。指南由7个步骤组成。这7个步骤，前2个是由问题组成的，需要会议团队思考并回答。

（1）我们本次供应商会议的目标是什么？衡量供应商会议成功的标准是什么？

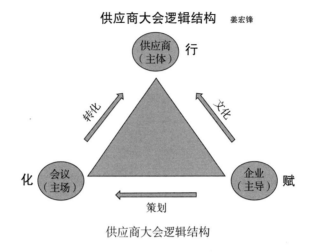

供应商大会逻辑结构

会议目标可以结合公司的战略与年度目标、供应商群体当前的主要问题、需要供方协作的主要事项3个维度思考。成功的会议往往以"赋能供应商，创协同优势"为总目标，不成功的供应商会议各有各的不成功之处，比如收赞助费，被供方公开吐槽，这种行为与"赋能供应商，创协同优势"的总目标一对照，就知道是不可取的。

（2）供应链关键绩效指标排序为何？本次会议聚焦在哪几个关键指标上？"赋能供应商，创协同优势"具体分解到供应商绩效，通常围绕4大主题：提高质量、协同降本、改善交期、服务提升。这4大主题不建议面面俱到，否则会出现重点不突出，做不透的问题。建议聚焦1~2项，做深做透。与供应商进行友情升华只是供应商会议的顺带效果。

（3）设计并提炼会议主题词。

提炼大会主题词，相当于上学时要对文章提炼中心思想。主题词可以起到画龙点睛、清晰意图的作用。以下主题词是我参加供应商大会时经常遇到的，在此列出，以供参考。

- 赋能供应链，协同创未来。（赋能）
- "质"赢天下、"期"心协力。（质量与交期绩效改进）
- 挖潜增效，高效协同。（成本与协同绩效改进）
- 技术引领、砥砺前行。（产品技术提升）
- 突破、升级、共赢。（能力突破）
- 同舟共济、共赢未来。（合作关系）
- 共建共享、共生共赢。（愿景）
- 创生态平台，造命运共同体。（梦想）

结合会议目标、关键指标，创新会议主题词，并将其作为会议主题的指引。

（4）设计会议核心模块，并将模块按时间线排序，形成会议初始日程。

可供选择的模块列举如下。

- 邀请、接待、引导。
- 主持人介绍整体会议安排。
- 公司高层致开幕词，谈企业发展机遇、趋势与挑战，要有高度。
- 管理部门就供应链核心指标清晰现状，指明目标与行动策略，要务实。
- 新供应商管理手册说明与发放。
- 外部专家做专题培训，借外部专家让供应商开眼兼洗脑，要有效果。

- 优秀供应商代表发言,感谢与分享,要有干货。
- 优秀供应商表彰,要走心。
- 工厂参观,要有序。
- 新产品介绍,要互动。
- 技术交流,要互动。
- 战略供应商闭门会,要坦诚。
- 午餐、晚宴。
- 合影、留言。
- 闭幕致辞。
- 送行安排。
- 会议总结、复盘。

其中,要特别注意逻辑结构与发言顺序:要先用愿景进行感召,谈清楚谁会受益?为什么这么干?需要供应商采取什么行为?供应商应具备什么能力?双方要共同营造什么环境?

(5)会议风险控制、预案与预算。

至此,应该考虑供应商会议失效模式及后果分析(FMEA)了。会议无小事,事事均要考虑周全。

会议时间:通常是年末开为总结,年初开为计划。会议时间最好避开生产高峰期,避开国家、当地重大会议或节日,要考虑外地供应商是否方便。

会议地点:如果公司接待设施齐备,优选公司内部召开。大企业供应商会议通常人数众多,因此通常要选在酒店开,此时会场与服务是关键。

比如极端天气下交通怎么办？合影时下雨怎么办？酒店遇到装修、遇到婚礼太热闹怎么办？甚至连会场投影 PPT 尺寸（如是 16:9 还是 4:3）如果没有提前沟通确认都有可能会影响会议效果。

针对风险有哪些预案，然后讨论预算是多少，怎么来，怎么花更合理，从而形成会议预算方案。

（6）会议邀请的人员。

- **供应商**：邀请哪些供应商，供应商的哪些职级来参加都要明确。
- **公司高层**：哪些人确有必要上台，哪些要列席。上台的人不宜太多，不因面子而排程。
- **外部嘉宾**：外部专家、培训师（要提前一个月邀约、要提前沟通目标与需求）。

（7）公司会议整体计划与对外日程表。

依据前 6 项，形成公司内部推进计划，在开会前期，会务责任到人，要进行哪些问题的事先确认？重要环节最好是能事先排练，确保计划可行，无遗漏。商定对外公开的日程表，对外日程表可以提前印在嘉宾胸卡上，或通过微信制作邀请函，方便嘉宾查阅。

对 SQE 各阶段的能力发展进行一个总结，具体见下表。

最后，SQE 因为要推动供应商改进，所以随着各阶段的发展，人的能力的比重会越来越大，好的 SQE 除了在事情上精进，建立专业影响力之外，还要强化自己在"人"上的修炼，要有良好的抗压能力与情绪管理能力。一家企业的 SQE 对工作的总结如下。

- 脑筋活一点，理由少一点，脾气小一点，肚量大一点。
- 微笑露一点，行动快一点，埋怨少一点，沟通多一点。

工作即修行，让我们一起努力，不断精进，创造供应链上下游多赢的美好明天！

SQE 各阶段的能力发展总结

阶段	SQE 1.0	SQE 2.0	SQE 3.0	SQE 4.0
挑战	供应商引入，质量问题日益增多	质量问题频发，需要系统解决	流程已有，如何从源头做改善	供应商缺乏持续提升动力与能力
要解决的问题	产品质量问题解决	处理质量问题的流程	系统诊断，源头管理	能力建设，辅导改进
角色	救火队员	联络员	诊断师	辅导员
知识	产品知识	工艺知识	审核知识	培训知识
事的能力	问题分析与解决	流程优化能力	过程审核、产品审核	全员参与、推动改进
质量工具	5W2H QC 七大手法、 ISO 质量体系	8D、 4M 变动管理 QCP 质量控制计划	供应商能力系统诊断图 全流程"6 哨门"关键节点管控 五大工具	全面的供应链提升知识
人的能力	自信	沟通能力	项目管理能力	领导力与培训技术

第 7 节　学以致用

学

请用自己的语言描述本章的要点。

思

描述自己企业的相关经验与本章带来的启发。

用

我准备如何应用？我希望看到的成果是什么？

会遇到什么障碍？

解决障碍有哪些方法、措施、资源？

获取更多价值

很高兴您能翻阅到这一页,本书只是我们想为您提供的价值的冰山一角,您还可以通过以下渠道和方式直接与作者和供应链领域的同行者互动和交流,获取更多价值。

1. 价值链研习社

价值链研习社是由本书作者姜宏锋与72位灯塔讲师联合创办的中国采购与供应链经理人社群。这群灯塔讲师都是来自世界500强或行业标杆企业的采购与供应链经理人,他们身具实战经验,以利他精进的精神,推动中国采购与供应链发展。灯塔计划已成为一种新的供应链社群模式,共创具有实战性、完整性的供应链体系解决方案。

价值链研习社的愿景:通过学习、创新与链接,赋能中国优秀企业与供应链管理人,使其实现卓越价值。

欢迎您关注价值链研习社公众号,获取前沿资讯、在线课程、精彩文章,当然也可链接人脉,也欢迎您加入中国采购与供应链经理人社群——价值链研习社。

价值链研习社公众号

2. 姜宏锋供应链学院

姜宏锋供应链学院是以姜宏锋老师个人命名的供应链学院,是企业采购与供应链人才培养实训学院,提供完整、系统、实效的供应链课程体系。价值链研习社的 7 门王牌课程:

- 《价值链变革:全员降本增效方案班》
- 《决胜供应链——降本增效快响应》
- 《需求管理、柔性生产计划与库存管控》
- 《采购人员专业能力综合提升训练营》
- 《采购成本分析与跨部门采购降本实战训练营》
- 《供应商开发、评估、选择与 QCD 全面管理》
- 《SQM 供应商质量管理》

姜宏锋供应链学院可深入企业供应链落地咨询辅导、公开课或定制化内训。培训承诺:企业按满意度付费。

姜宏锋供应链学院服务号